NICOLAS BAIER

GILLES GODMER

MUSÉE D'ART CONTEMPORAIN DE MONTRÉAL
MUSÉE DES BEAUX-ARTS DE MONTRÉAL

Nicolas Baier

Cette publication a été réalisée par la Direction de l'administration et des activités commerciales du Musée d'art contemporain de Montréal.

Éditrice déléguée : Chantal Charbonneau
Révision et lecture d'épreuves : Emmanuel Galland, Lou Nelson, Olivier Reguin, Jennifer Westlake
Conception graphique : Jacinthe Pilote (Elastik)
Impression : Zanardi editoriale, s.p.a., Padoue (Italie)

Cette publication est une version augmentée du catalogue *Nicolas Baier : Scènes de genre*, qui accompagnait l'exposition du même titre, organisée et présentée au Musée d'art contemporain de Montréal du 25 septembre au 30 novembre 2003 puis, lors d'une tournée canadienne, à la Galerie d'art du Centre culturel de l'Université de Sherbrooke, Sherbrooke (Québec) du 12 juin au 29 août 2004, à la Mendel Art Gallery, Saskatoon (Saskatchewan), du 21 janvier au 6 mars 2005, et à la Dalhousie Art Gallery, Halifax (Nouvelle-Écosse), du 12 janvier au 26 février 2006.

La tournée de l'exposition *Nicolas Baier : Scènes de genre [Genre Paintings]*, de même que la réalisation du présent ouvrage, ont reçu le soutien financier du ministère du Patrimoine canadien par le biais du Programme d'aide aux musées.

Le texte de Gilles Godmer *Anatomie de la vie domestique/ The Anatomy of Domestic Life* a été publié originellement dans le catalogue *Nicolas Baier : Scènes de genre*.

Le Musée d'art contemporain de Montréal souhaite remercier la galerie René Blouin pour sa précieuse collaboration

Le Musée d'art contemporain de Montréal est une société d'État subventionnée par le ministère de la Culture et des Communications du Québec, et il bénéficie de la participation financière du ministère du Patrimoine canadien et du Conseil des Arts du Canada.

Le Musée des beaux-arts de Montréal remercie le ministère de la Culture et des Communications du Québec, le Conseil des arts de Montréal et le Conseil des Arts du Canada pour leur appui constant. Sa gratitude va également à l'Association des bénévoles du Musée des beaux-arts de Montréal ainsi qu'aux membres et à de nombreuses entreprises, fondations et personnes pour leur soutien.

Dépôt légal : 2005
Bibliothèque nationale du Québec
Bibliothèque nationale du Canada

Catalogage avant publication de Bibliothèque et Archives Canada

Godmer, Gilles

Nicolas Baier

Comprend des réf. bibliogr.
Texte en français et en anglais.
Publ. en collab. avec : Musée des beaux-arts de Montréal.

ISBN 2-551-22757-7

1. Baier, Nicolas. 2. Photographie artistique. I. Asselin, Olivier. II. Baier, Nicolas. III. Galland, Emmanuel, 1966- . IV. Musée d'art contemporain de Montréal. V. Musée des beaux-arts de Montréal. VI. Titre.

TR655.G62 2005 779'.092 C2005-941517-7F

Distribution
ABC Livres d'art Canada/Art Books Canada
372, rue Sainte-Catherine Ouest, bureau 229
Montréal (Québec) H3B 1A2
Téléphone : (514) 871-0606
Télécopieur : (514) 871 2112
www.abcartbookscanada.com
info@abcartbookscanada.com

Couverture
Cinémascope 2002

Conseil des Arts du Canada Canada Council for the Arts

Sommaire

Avant-propos

On ne saurait dénombrer les méthodes et les outils dont l'art dispose aujourd'hui, pas plus que son propos ou sa manière même d'éviter la question du propos. Arthur Schopenhauer, grand pessimiste, croyait que seuls les arts pouvaient nous offrir un moment de répit dans des existences faites de frustration, de désenchantement et d'épreuves ; il aurait été comblé par ce futur qu'il n'envisageait pas, et qui est pour nous si riche à présent. Mais le plaisir et la beauté que Schopenhauer recherchait dans les arts n'ont pas été l'objet de discussion au cours de la période moderne, où l'art s'est dissocié de toute autre cause que la sienne. Pour revendiquer cette autonomie, les plasticiens et leurs apologues ont dû démontrer que leur champ d'action allait au-delà de la beauté et du plaisir, et qu'il représentait légitimement un domaine exclusif de savoir et d'investigation. Quel bonheur de découvrir, après toutes ces décennies austères, un jeune artiste dont le projet baudelairien consiste à exposer la beauté du monde moderne là où elle se cache le mieux, ou mieux encore à la susciter à partir de rien. Qu'il le fasse avec les outils les plus récents (la photographie numérique) et les plus anciens à la fois (la composition, la couleur, la forme) dont un artiste peut disposer, tout en demeurant scrupuleusement contemporain — c'est-à-dire sans manifester la moindre nostalgie envers un passé survalorisé par beaucoup — ne fait qu'ajouter à notre ravissement. C'est dire que nous sommes très heureux de vous offrir une nouvelle occasion de voir les œuvres de ce fascinant artiste montréalais dans un musée et, qui plus est, dans sa propre ville.

Les essais réunis ici vont certainement approfondir la délectation du lecteur devant le travail de Nicolas Baier. Gilles Godmer, qui a organisé la première exposition personnelle de l'artiste dans un musée — au Musée d'art contemporain de Montréal en 2003, manifestation dont le catalogue constitue le noyau de la présente publication augmentée —, a analysé avec acuité l'iconographie riche et personnelle de l'œuvre de Baier, de même que sa sensibilité instinctive et pragmatique. Professeur d'histoire de l'art à l'Université de Montréal, Olivier Asselin a exploré de façon magistrale les conséquences artistiques des photographies paradoxales de Baier, son usage toujours plus discret de la technologie numérique qui rend la photographie malléable, telle une analogie de la peinture — et pourtant fondamentalement distincte. Stéphane Aquin, conservateur de l'art contemporain au Musée des beaux-arts de Montréal, dont l'enthousiasme pour le travail de Baier est à l'origine de cette publication à plusieurs mains, pose un regard éclairant sur les leurres et la magie suscités par les stimulantes juxtapositions d'anachronismes qui composent cette audacieuse exposition. Enfin, pour faire en sorte que le présent ouvrage soit encore plus utile à l'avenir, nous avons inclus un essai de l'artiste, ainsi qu'une conversation entre Baier et son camarade Emmanuel Galland. Ce sont là deux documents révélateurs qui ne manqueront pas d'intéresser les admirateurs de l'artiste.

Bien que nos deux institutions aient toujours entretenu les meilleures relations de collaboration, cette exposition est en fait l'occasion de leur première publication commune. Nous sommes sincèrement heureux du résultat, non seulement parce qu'il a approfondi notre appréciation d'un jeune artiste montréalais dont nous nous accordons à reconnaître la pertinence, mais aussi parce qu'il nous a permis d'exposer la « diversité complémentaire » qui existe entre un musée encyclopédique et un autre, entièrement voué à l'art de notre temps. Voir une nouvelle production dans le cadre d'un large spectre historique, ou sur fond d'une célébration exclusive du temps présent, voilà deux expériences fort différentes, deux manières de tester la pertinence d'une œuvre. Montréal fait partie des rares villes au monde où ces expériences peuvent être vécues simultanément en un jour, voire en un même après-midi. Nous attendons avec impatience la prochaine occasion de réactiver cette coïncidence.

Marc Mayer
Directeur, Musée d'art contemporain de Montréal

Guy Cogeval
Directeur, Musée des beaux-arts de Montréal

Anatomie de la vie domestique

Gilles Godmer

Les drames sont indifféremment psychologiques et plastiques.
Michelangelo Antonioni

Avec son exposition *Liquidation Niko & Cie*, au Centre des arts actuels Skol, en 1999, Nicolas Baier change de ton. Intimiste, autobiographique surtout, en ce que l'objet du travail fait une sorte d'inventaire éclaté et surprenant de ce qui constitue son environnement quotidien (atelier, appartement et tout ce qu'il est possible d'y trouver, jusqu'à la présence indirecte des amis), l'exposition — on en mesure davantage l'impact aujourd'hui — amorçait un cycle de création dont font partie toutes celles qui ont suivi : de ce point de vue, elles en ont poursuivi et approfondi la direction.

Un environnement-miroir

En fait, depuis cette exposition marquante, Nicolas Baier documente à sa manière, et avec fantaisie, mais non sans gravité parfois, les lieux où il vit la plupart du temps (certains détails de ceux-ci, des fragments, ce qu'on y retrouve également) ; où il va (les amis, toujours : des objets qui leur appartiennent) ; par où il passe aussi quelquefois, ainsi que toute chose qui s'y trouve et qui capte son intérêt. On se l'imagine volontiers au centre de son monde, scrutant, observant avec une grande acuité les choses qui l'entourent, en faisant plus ou moins l'inventaire, comme une sorte de Winnie (*Oh les beaux jours*, de S. Beckett), prisonnière de son monticule de terre, réduite à ne considérer que son environnement très immédiat. De ce point de vue, l'exercice a davantage à voir avec l'autoportrait qu'avec l'autobiographie, davantage avec la contemplation qu'avec une forme de cartographie : c'est bien plus un regard sur les choses qui nous est donné, et sur ce que ce regard exprime, qu'une banale façon d'inventorier la réalité dans laquelle évolue l'artiste.

Avec l'œuvre intitulée *Petits riens*, une des pièces maîtresses du corpus de 2003, une des premières également à avoir été réalisée, Nicolas Baier nous situe d'emblée au cœur de son intimité[1]. Tout ce qui pouvait se trouver dans le petit appartement qu'il habitait alors, et qui lui servait également de lieu de travail, a été scanné, puis disposé, superposé tout en surface de l'espace photographique que l'image de ces divers objets remplit. Cette façon de faire rend à peine lisible la partie d'une pièce où l'on devine encore le plancher et le mur, trame sur laquelle se détachent dans leur variété les objets qui s'y trouvent distribués, comme en suspension dans l'air. Difficile de ne pas penser alors à la scène finale, si spectaculaire, du film d'Antonioni *Zabriskie Point* où, vue en plongée (c'est du moins le souvenir que j'en ai, après une trentaine d'années), une explosion projette dans le ciel, dans un ralenti éloquent, une myriade d'objets domestiques de toute couleur et de toute forme[2].

L'absent

Avant cette œuvre étonnante montrant un coin d'appartement disparaissant sous l'étalement des mille et un objets qui s'y trouvaient, il y eut, dans des expositions antérieures, les photographies exploitant d'autres pièces de la maison : une cuisine, une partie de salle bain, une chambre à coucher, certains détails d'un salon, etc. Il en est de même dans la série de photographies exposée au Musée où le procédé est repris bien que cette fois, l'intérêt de Baier semble se resserrer sur des objets choisis, des détails particuliers : une table, sa surface abîmée, usée par le temps, un bout de comptoir, quelques carreaux de céramique d'une salle de bain, etc. ; le tout composant, par accumulation, une sorte d'autoportrait impressionniste d'où le corps est éloquemment absent, mais non pas certaines de ses qualités. Car la matière y est omniprésente : sa couleur, sa sensualité, sa tactilité même quelquefois. Il y a, de plus — et ce, en dépit de la technologie sophistiquée à laquelle l'artiste recourt —, les évidentes imperfections d'un travail bricolé, pleinement assumées, davantage

1 Le cadre intime devenant une source inépuisable d'intérêt pour le photographe, un peu zen, à la manière de certains esprits devenus ou non sédentaires, qui ont ce pouvoir de découverte dans la multitude des détails ou événements de leur environnement immédiat.

2 Le temps ayant fait son œuvre et transformé les choses, c'était plutôt une vue en contre-plongée dont il s'agissait.

associées à l'homme qu'à la machine qui, on le sait, peut facilement nous pourvoir en perfection. Surtout, il y a cette présence énigmatique de celui dont on a noté la sensibilité et l'intensité du regard qui donne toute sa couleur et toute sa densité, bref qui donne une *aura*, à l'ensemble de ces travaux photographiques.

Et ce travail, on l'a vu, prend parfois l'allure d'une énumération touffue, dont l'autre extrême du spectre s'incarne dans des œuvres dépouillées, plutôt abstraites, où même l'absence de tout objet — la surface plus ou moins poussiéreuse d'un des outils de travail de l'artiste, le scanner — devient un sujet non moins intéressant à reproduire électroniquement (*Cinémascope*). Ici, le « vide » aux formidables qualités cosmographiques s'avère tout aussi riche et fascinant à lire que le foisonnant *Petits riens* ; comme si, à la limite, l'image de l'un (la surabondance) équivalait à celle de l'autre (le vide) ; comme si, finalement, il y avait autant à observer (et c'est de toute évidence le cas, jusqu'à se perdre même) dans l'une des œuvres que dans l'autre.

Entre ces deux extrêmes prend place une chronique photographique qui en dit toujours un peu plus sur son auteur et sur ses préoccupations et interrogations métaphysiques : « L'extérieur est un miroir où vient se réfléchir l'intérieur[3]. » Un peu comme dans ce roman de Virginia Woolf, entièrement construit autour d'un manque, d'une absence qui, par petites touches, de façon allusive, nous trace peu à peu le portrait, assez juste à la fin, de celui qui est désormais disparu ; et ce, à travers des personnages qui l'ont connu à différents degrés, ou par la description du lieu où il a vécu (sa chambre), ou encore par l'entremise des objets qui ont été les siens et qui, sans tarir, parlent de lui avec éloquence[4].

Présence de la peinture

À ses débuts pourtant, Nicolas Baier était peintre. C'est par la suite que la photographie s'est imposée. Mais, le plus souvent, c'est en peintre qu'il aborde ce moyen d'expression. De toute façon, il serait difficile de ne pas s'en rendre compte, tant, de diverses manières, sa photographie nous renvoie immanquablement à la peinture. D'abord, il y a son attitude par rapport au médium photographique, cette approche particulière qu'il exploite dans la réalisation de ses travaux : parce qu'il travaille surtout avec l'ordinateur, Baier procède par addition d'éléments ou de fragments ; une façon de faire, incidemment, qui correspond à la définition classique de la peinture : *per via di porre*, par voie d'ajouts[5]. Découlant de cela, parce que chacune de ses photographies (ou presque) est habituellement retravaillée, plus ou moins longuement, quelque peu transformée au moyen de tout l'outillage électronique nécessaire, le photographique trouve à se délester d'une qualité qui lui est intrinsèque au départ et qui définit une partie de sa nature (l'enregistrement de la réalité : ce qu'on nomme l'image objective), pour en acquérir une autre qui, elle, est directement associée au « faire » de la peinture : « Au "constatif" de la photographie s'oppose le performatif de la peinture[6]. »

3 Witold Gombrowicz, *Bakakaï*, Paris, Denoël, 1984, p. 98.
4 *Jacob's Room*, de Virginia Woolf.
5 Selon la définition de Michel-Ange.
6 Patrick Vaudray, *La peinture et l'image*, Paris, Éditions Pleins Feux, 2002, p. 71.

D'autre part, le regard que l'artiste porte sur certains objets met franchement en évidence des caractères picturaux qui, autrement, passeraient inaperçus aux yeux de quiconque : c'est le coin d'un comptoir qui, par l'effet d'un cadrage approprié, prend tout à coup l'allure d'un authentique tableau abstrait. C'est aussi la surface découpée d'une table, toute ronde, dont l'usure et les différentes couches de peinture, devenues apparentes avec le temps, évoquent les motifs lunaires d'un Paterson Ewen (*Planète*) ; avec, en prime, cette scène à peine lisible qui, pour certains visiteurs, pourra même être vue comme une sorte de clin d'œil à ce petit personnage, le coupeur de bois, réputé, dans notre enfance, vivre sur la lune. C'est encore *Petits riens* qui, par la densité du rassemblement des objets qu'on y retrouve, par leur accumulation, par leur étalement sur l'ensemble de la surface photographique (*all-over*), et par le réseau serré de leur enchevêtrement, n'est pas sans rappeler certains attributs des tableaux d'un Riopelle ou même d'un Pollock. D'autant que dans cette dernière photographie, la multitude des objets qui sont vus sont par ailleurs réduits, dans une seconde lecture, à leur forme ou à leur couleur, inscrivant dans cet ensemble une organisation de l'image reposant tant sur l'une que sur l'autre.

Mais à cause de la nature même de ces travaux fortement elliptiques, à cause de leur caractère surréaliste plus ou moins appuyé, frôlant même par moments le fantastique, et dont certains sont construits, ou presque, comme des énigmes ou mieux, comme des poèmes, les photographies de Nicolas Baier tendraient vers cette définition de la peinture selon Sartre : « [Elle] ne reflète pas le monde, elle projette un imaginaire[7]. » En cela, leur accointance avec la peinture est peut-être davantage convaincante encore. Car c'est très précisément ce qu'elles font, ces photographies. Non seulement leur attache avec la réalité est plus ou moins de l'ordre de la fantaisie, mais encore elles sont, chacune à sa façon, d'efficaces rampes de lancement pour notre imagination : une réponse à la hauteur de cette manière qu'a Baier de projeter son imaginaire. Ainsi, cette photographie a davantage à voir avec le rêve qu'avec la réalité ; même si, dans quelques cas, le simple regard de l'artiste, qui se pose sur un objet quelconque, suffit à nous rendre ce dernier plutôt louche, nous le faisant considérer, même, comme un autre des « bricolages » de l'artiste (*Sujet bas*).

Un monde morcelé

« Je vois les objets qui m'entourent comme une atomisation d'un tout mystérieux dont le sens m'échappe[8]. » Si cette déclaration traduit avec justesse l'esthétique que développe Nicolas Baier dans son travail récent, elle nous révèle également le fondement et la teneur métaphysiques de sa recherche inquiète. Comme il en est de son sentiment par rapport à la complexité de la réalité, il en va également de chacune des œuvres photographiques qui en découlent directement, et qui constituent un ensemble avec plus d'évidence peut-être dans la présente exposition, où l'artiste ne « voit pas de relations entre elles, pas de codes, pas de liens apparents[9] » non plus. Ce qui est simplement mis en évidence, c'est l'espace tout béant qui sépare ces photos : « Le monde est dans un état de désintégration constante[10]. »

7 Patrick Vaudray, *op. cit.*, p. 18.
8 Tiré d'un court texte de l'artiste sur son travail.
9 *Ibid.*
10 Hannah Holmes, *The Secret Life of Dust*, New York, Chichester, Weinheim, Brisbane, Singapore, Toronto : John Wiley & Sons Inc., 2001, p. 2.

Cette sensibilité de Nicolas Baier, on l'aura reconnu au passage, une fois de plus, trouve un écho dans l'œuvre cinématographique d'Antonioni, figure emblématique du cinéma italien des années 1960 et 1970, et surtout, cinéaste des grandes interrogations existentielles. Pascal Bonitzer dit de son monde, qu'il se « présente plastiquement, narrativement et ontologiquement comme un monde en morceaux[11] ». Chez ce metteur en scène du vide, du manque, de la désintégration, de la désaffection et de la disparition, « les protagonistes ressemblent, moralement parlant, aux lieux qu'ils parcourent dans leur désenchantement... Déboussolés, les personnages sont saisis dans des ensembles qui ne leur offrent aucun point de repère, mais seulement le reflet aveugle de leur univers mental décomposé[12]. » En lisant ces lignes, une image récente de Baier s'impose où, anonyme, la figure d'une jeune femme, toute frêle, vue de dos, est écrasée, à la fois par l'échelle et par la géométrie envahissante de son environnement (*Janvier*). Mais, c'est aussi à l'ensemble des travaux récents de cette exposition que l'on songe : un à un, ils esquissent le portrait d'une conscience exacerbée.

Enfin, en bons peintres qu'ils sont l'un et l'autre, le cinéaste et le photographe s'intéressent à l'informel, aux taches, aux formes nées du hasard qui, chez Baier, semblent confirmer la primauté du regard dans le travail artistique[13]. Entre chaos et cosmos, destruction et création, ces figures de l'informe et de toutes les ambiguïtés, sortes d'emblèmes, deviennent des lieux d'anéantissement de toute velléité créatrice, en même temps que la source et le creuset de toute création.

De la proximité et du lointain

Dans ce travail photographique qui mêle allègrement les codes, dont ceux de la peinture et de la photographie, on l'a vu, Nicolas Baier ajoute une interrogation, sinon une perte supplémentaire de repères, par le recours aux variations d'échelle que, régulièrement, son intérêt pour les détails et pour les cadrages serrés tend à favoriser. Par sa sensibilité qui toujours l'amène à observer de plus près, ce qui pourrait facilement être perçu comme négligeable ou même sans intérêt dans tout ce que nous côtoyons quotidiennement (à cause de nos regards qui s'usent toujours un peu plus sur la surface des choses), Baier, à partir de ces petits riens du tout qu'il regarde et qu'il capte, détient le pouvoir de nous projeter dans l'infiniment grand. Devenus lunes ou cosmos, ces détails insignifiants acquièrent soudain une dimension insoupçonnée. Et parce qu'ils prennent l'image d'un astre ou d'une portion de l'univers (à ce titre, nous nous sentons directement interpellés), situés à des années-lumière de nous et qui se dérobent à notre expérience, justement ces petits riens, subitement transformés par la qualité d'un regard, exercent néanmoins, à travers les images que crée l'artiste, un irrésistible attrait, et font rêver.

11 Pascal Bonitzer, *Décadrages*, Paris, Éditions de l'Étoile, Les Cahiers du cinéma, 1995, p. 99.
12 *Ibid.*, p. 97-98.
13 Régis Durand, *Le temps et l'image*, Paris, La Difference, 1995, p. 170-171. Sur Robert Smithson et l'acte de regarder comme œuvre d'art ; sur la disparition comme processus interminable (relié à la photo) ; sur les cassures, les ruptures, sur le vide...

Nous ne sommes pas seulement transportés d'un détail négligeable à l'image d'un objet infiniment grand, ou encore de ce qui est dérisoire à ce qui a toujours piqué l'intérêt et la curiosité des humains : dans cette surprenante substitution, nous subissons une sorte de dislocation du temps, consécutive à la transformation qui s'est opérée. D'un temps fini et d'une matière infime ou indigne (la poussière, une vieille table), nous accédons à une sorte d'éternité... ou presque (la lune et le cosmos). Et cette « conjonction paradoxale de proche et de lointain définit avant tout l'aura[14] ».

Curieusement, le cosmos, comme notion, nous renvoie immanquablement au chaos. Et c'est au chaos justement que Nicolas Baier, à sa manière, tente valeureusement de faire face par ses travaux, qui proposent d'instaurer un « semblant d'ordre[15] ».

La poussière et le temps

De poussière, il est donc question comme d'un matériau, fort pauvre le plus souvent, négligé aussi, quoique pour Baier à qui répugne toute hiérarchie en ce domaine, il devient, ce matériau, tout à fait digne d'intérêt, et bien davantage, peut-être, par cette notion d'absence qui investit sa présence même[16]. De plus, implicitement visitée par le temps qu'elle peut symboliser par ailleurs, la poussière renvoie à une réflexion métaphysique évidente qui, au passage, vient court-circuiter les remarquables qualités matérielles dont font montre les travaux photographiques de l'artiste : « Je travaille avec la poussière comme un révélateur du temps qui s'enfuit[17]. »

Paradoxalement, dans cet intérêt sincère et relativement inédit pour une telle matière, se profile toutefois l'idée (bien dérisoire) de ralentir le cours des choses, de stopper le flux du temps. Car, on l'aura peut-être pressenti, sinon carrément ressenti, il y a une soudaine fébrilité, une urgence même, chez l'artiste — urgence dont fait état le travail des dernières années, à la fois dans le rythme soutenu et appliqué de son élaboration et dans la variété et le nombre des travaux qui en découlent directement. Dans cette fièvre qu'il éprouve, véritable moteur-accélérateur pour l'artiste qui, inlassablement, poursuit son investigation domestique, Nicolas Baier persiste, par la liberté et l'audace de son regard, à ne pas vouloir « discriminer » le champ du visible, ou mieux à en miner toute hiérarchie, toute idée préconçue, à en rendre poreuse toute forme de frontières, lui dont l'attitude générale constitue certainement un modèle, lui « qui place sa vie d'atelier au même rang que sa vie en privé[18] ».

14 Régis Durand, *op. cit.*, p. 161.
15 Ce sont les mots de l'artiste.
16 Hanna Holmes, *op. cit.* note 10. C'est vraiment étonnant, tout ce que les analyses permettent de trouver de la vie passée dans la poussière présente.
17 Citation de Nicolas Baier.
18 Emmanuel Galland, « Nicolas Baier. De la peinture par téléphone », *CV photo*, n° 52, automne 2000, p. 14.

Chronotopes. Les fictions numériques de Nicolas Baier

Olivier Asselin

Le travail de Nicolas Baier est photographique, sans doute. Son principal outil est l'appareil photo, le résultat est une photographie, une image essentiellement mécanique, indicielle et analogique. Mais cette évidence est vite compliquée. Déjà, le motif, le point de vue et le cadrage choisis manifestent souvent un grand souci formel, formaliste même, qui peut sembler contredire la visée documentaire traditionnellement associée à la photographie : ils transforment la réalité en une surface abstraite, une simple composition de couleurs, de formes et de textures, qui rappelle ainsi la peinture moderne — le cubisme, l'abstraction, gestuelle ou géométrique, le collage, etc. Ensuite, ces images sont aussi des objets, elles sont généralement très agrandies, parfois montées sur un support (aggloméré, tôle galvanisée, etc.) et souvent installées dans l'espace d'exposition. Mais, surtout, le processus est ici largement numérique, depuis la captation de l'image — souvent par un appareil photo ou un *scanner* — jusqu'à son impression finale, et il implique généralement une manipulation — à l'aide de *Photoshop*, le célèbre logiciel de traitement de l'image.

La photographie contemporaine est bien souvent ainsi tentée par la peinture, par ses codes et ses genres, par ses modes de production et ses modes d'exposition. Il s'agit en fait d'un singulier retour de l'histoire. Alors qu'aux origines, la photographie semblait devoir tuer la peinture, la peinture semble revenir aujourd'hui dans la photographie elle-même. Ce que nous pourrions nommer le pictorialisme (pour donner à cette tendance générale le nom d'un mouvement historique particulier) n'est pas un phénomène nouveau : il est né en même temps que la photographie, il revient régulièrement, depuis la photographie impressionniste jusqu'à la *staged photography*. Mais il s'est aujourd'hui généralisé avec la « révolution numérique ».

Évidemment, il ne faut pas croire pour autant que la peinture soit encore aujourd'hui un art dominant. C'est surtout qu'elle reste le paradigme de l'image construite et qu'elle peut, mieux qu'aucune autre, fournir des modèles pour fabriquer et percevoir les images numériques. Les « nouvelles technologies », lorsqu'elles sont nouvelles, sont toujours pensées dans les termes de formes culturelles plus anciennes, à travers des métaphores plus familières. Les fabricants d'ordinateurs et de logiciels le savent, qui présentent les nouvelles opérations sous des formes connues, par l'intermédiaire d'une interface physique ou graphique qui imite d'autres pratiques déjà assimilées. Le logiciel *Photoshop* est, à cet égard, exemplaire, qui emprunte beaucoup au langage, aux outils et aux opérations de la peinture, du dessin, du collage et du photomontage : « retoucher », « masquer », « effacer », « sélectionner », « couper », « coller », « déplacer », « découper », etc.[1].

Mais inversement, les technologies numériques proposent elles-mêmes de nouveaux modèles, de nouvelles métaphores, qui permettent de repenser les technologies et les pratiques qui les précèdent, comme la peinture et la photographie, justement.

L'ordinateur comme atelier

Tout ce travail historique entre la peinture, la photographie analogique et l'image numérique est sensible dans les œuvres de Baier. Certaines de ses images réfléchissent justement aux transformations du travail artistique, des lieux et des outils de l'art.

Dans l'exposition *Liquidation Niko & Cie* (1999), Baier procède à l'inventaire photographique de ses possessions, du moins de quelques-uns des objets qui se trouvent dans son environnement immédiat, dans son appartement et dans son atelier. Par exemple, une photographie montre l'établi de l'artiste. Elle ne correspond pas du tout à l'image romantique de l'atelier et de la création artistique. À l'opposé du capharnaüm attendu, l'œuvre montre un lieu propre et ordonné, comme entre deux usages. Les outils sont soigneusement rangés, ils sont accrochés au mur, posés sur la table, sur des étagères, au sol et même classés, par forme ou par fonction. Ce ne sont pas des instruments typiquement artistiques, mais plutôt des outils de peinture et de menuiserie domestiques. Le point de vue de la caméra — frontal —, le cadrage — serré — et le format de l'image — carré — manifestent l'ordre qui

1 William J. Mitchell, *The Reconfigured Eye. Visual Truth in the Post-Photographic Era*, Cambridge (Mass.), The M.I.T. Press, 1992.

règne ici. La ligne de l'établi vient même diviser l'image horizontalement en deux parties quasiment égales. De plus, la photographie a par la suite été divisée numériquement selon une grille parfaite qui redouble l'ordre de l'établi. Mais l'image ainsi divisée a aussi été réorganisée : certains fragments ont été déplacés, parfois tournés, copiés même, apparemment selon un système complexe ou aléatoire, en fait à l'œil, pour des raisons purement esthétiques. Par cette opération sur l'image, l'ordre de l'établi réel est transformé en un chaos visuel, une composition *all-over.*

Mais cette articulation — qui est à la fois un redoublement et une tension — entre la structure du motif et la structure de l'image a une dimension métaphorique et même allégorique. Il est étonnant que cette image de l'atelier présente tous les outils artistiques ou presque, sauf ceux qui ont servi précisément à fabriquer l'image elle-même : l'appareil photo, l'ordinateur et le logiciel. L'œuvre établit sans doute une analogie entre la manipulation des objets réels et la manipulation des données numériques. Mais elle témoigne peut-être plutôt du passage de l'une à l'autre, de la transformation historique, de la rupture radicale qui la rend possible. Les outils présentés sont inutilisés, peut-être même inutiles. Il n'est pas étonnant qu'ils soient si bien rangés et qu'ils deviennent ici un simple motif artistique.

Dans une autre œuvre réalisée plus récemment, justement intitulée *Chiboukis*, (2004), Baier prend cette fois pour motif l'un des nouveaux outils de l'artiste (et de la plupart des producteurs aujourd'hui) : le clavier d'ordinateur. Le clavier est ici soumis aux mêmes opérations que l'établi. L'artiste a non pas photographié, mais scanné plusieurs claviers, de divers types, de langues et de couleurs différentes. Les images obtenues ont ensuite été divisées en bandes horizontales, des lignes de quelques touches, et les bandes ont été déplacées, tournées, etc., pour former une nouvelle image. Mais l'image recomposée n'est pas un rectangle proportionnel au clavier type, mais un immense carré, comme si la forme du support avait été déduite de la forme de base de la touche ou, inversement, le motif, de la forme du support. Certaines touches sont blanches, d'autres beiges, d'autres encore grises, gris bleu, gris foncé, noires, et elles ont été soigneusement distribuées sur la surface. L'ensemble forme ainsi une abstraction géométrique, presque pointilliste, un camaïeu avec une composition *all-over*. Avec ceci de particulier qu'il s'agit d'une image optique et tactile, pour les yeux et pour les doigts, comme un texte en braille.

L'image est réflexive, qui montre l'un des moyens de sa fabrication, en une sorte de mise en abyme, comme une peinture qui représenterait un pinceau. Mais elle est aussi réflexive, parce que le motif choisi semble anticiper la numérisation : contrairement à la plupart des objets perçus, qui sont apparemment continus, le clavier est manifestement discontinu. Il devient même ici comme une représentation métaphorique de l'image numérique elle-même : le clavier est une surface, une surface discontinue donc, faite de touches régulières, de luminosité et de couleur variables, comme une mosaïque de *tesserae*, comme une image de pixels ; et il porte de surcroît des inscriptions qui appartiennent à des systèmes syntaxiquement et sémantiquement disjoints — des fonctions, des signes typographiques et des lettres — et dans toutes les langues, peut-être pour souligner à la fois l'arbitraire du langage informatique et sa généralisation — comme s'il constituait la langue universelle que Dieu avait fait éclater pour contrer la construction de la tour de Babel[2]. Cette image est ainsi dialectique : elle peut sembler manifester une tension entre l'analogique et le numérique, entre le réel continu et sa représentation discontinue. Mais elle pourrait bien manifester au contraire la discontinuité fondamentale de la réalité : en fait, tous les objets du monde sont discontinus, parfois déjà au niveau des apparences nues, toujours au moins au niveau atomique et subatomique.

Les œuvres de Baier suscitent ainsi toute une réflexion sur l'histoire des outils de l'art et de ses lieux de production. Elles méditent sur le dialogue tendu qu'entretiennent aujourd'hui le pinceau, le ciseau et l'appareil photographique, le clavier, la souris, l'écran et les logiciels, l'atelier et l'ordinateur. L'ordinateur — avec le *hardware* et les *softwares*, les interfaces, les périphériques et tout le réseau avec lequel il communique — devient maintenant tout à la fois le principal outil et le lieu privilégié de la production des images.

L'image comme banque de données

Mais cette réflexion se poursuit à un autre niveau, sans doute plus profond, dans le choix d'un autre motif, celui de la collection. Très souvent, les images de Baier représentent en effet un ensemble d'objets apparentés. L'établi, déjà, était une collection, qui exposait un grand nombre d'outils sur un seul meuble. Le clavier aussi, dans la mesure au moins où il présentait un ensemble de touches et de signes. De même, le corpus de *Liquidation Niko & Cie* présente plusieurs collections d'objets, ordonnées différemment : une pile de disques parfaitement alignés (*Disques*, 1999), deux piles de revues plus approximatives (*National Geographics*, 1999) et un tiroir compartimenté de diverses pièces de quincaillerie (*Quincaillerie*, 1999). Dans la même série, *Ronds de maison* (1999) énumère tous les objets circulaires trouvés à proximité : ils ont été photographiés, découpés, mis à la même échelle et juxtaposés sur une même grande image. *Biblio* (2001) montre ainsi des étagères pleines de livres.

Mais, à cet égard, *Petits riens* (2002) est une œuvre exemplaire, qui fait l'inventaire d'un ensemble de petits objets rencontrés apparemment au hasard, dans l'environnement immédiat de l'artiste : du courrier, de vieux papiers froissés, des ficelles, des clefs, du papier à cigarettes, une pochette d'allumettes, un billet de banque et de la menue monnaie, des pinceaux, quelques crayons, un ciseau, des règles et un ruban à mesurer, un préservatif, un œuf au plat, une biscotte, une tranche de saumon fumé, un téléphone cellulaire, une télécommande, une part de pizza, une paire de faux-cils, un cintre, une chaussette, une semelle, un nœud papillon, des lunettes, etc. Baier a patiemment numérisé (scanné) toutes ces choses, une par une, une face après l'autre (de même que, partie par partie, une grosse boîte de disques, puis le plancher et tout un mur de l'appartement). Il les a ensuite reconstruites patiemment sur ordinateur, pour les rassembler enfin dans une même image, dans le désordre, flottant comme par magie dans un même espace en perspective. Le photographe devient ici comme un chiffonnier qui ramasse les déchets de la société moderne, un bric-à-brac.

2 Sur certaines touches, Baier a volontairement effacé les signes.

Il est possible de penser que, outre les outils et les lieux de l'art, les images de Baier en réfléchissent les matériaux — les sources de l'artiste, ses matières premières, tout ce qui traîne dans l'atelier. Mais le contenu de la collection importe peut-être moins que sa forme. Et la forme de la collection est bien plus qu'un simple motif : elle détermine la structure même de l'image. Déjà, avec ce point de vue frontal et ce cadrage serré, l'image épouse souvent la forme de la collection représentée. Ensuite, par le mode de production utilisé, que ce soit le *mapping* au moment de la captation ou le découpage au moment du montage sur ordinateur, l'image finale se trouve être elle-même structurée comme une collection, comme un collage d'images de même format. Enfin, encore une fois, cette structure additive annonce ou commémore, par analogie, la forme fondamentale de l'image numérique, qui est toujours déjà une collection de pixels.

Dès l'origine, la photographie a été utilisée pour constituer des collections. Déjà, dans son rapport inaugural sur le daguerréotype, lu à la Chambre des députés, puis à l'Académie des sciences en 1839, Arago indiquait l'immense potentiel de la photographie, non seulement comme moyen exact et prompt de reproduire la réalité, mais aussi et surtout comme moyen de l'inventorier, notamment les monuments historiques. Très vite, le procédé a été utilisé en botanique, en géographie, en zoologie, en anthropologie, en médecine, en anthropométrie judiciaire, pour constituer des collections d'images et des images de collections.

Mais cet usage est sans doute resté marginal, surtout confiné au domaine scientifique. Dans l'histoire, la photographie a été utilisée principalement pour représenter un motif *unique* — un corps, un paysage, un événement historique — dans une image d'une grande *unité* — formelle, spatiale, thématique et narrative — et, sinon unique, du moins *autonome*. La collection, même la plus cohérente, manifeste toujours au contraire une certaine hétérogénéité, à tous les niveaux : l'espace est souvent réduit à la surface de l'image, comme une table ; les objets ou les images d'objets, même s'ils appartiennent souvent à une même famille, sont toujours indépendants les uns des autres ; la forme est une simple juxtaposition, ordonnée ou chaotique, mais généralement égalitaire, etc.

À la collection, la modernité a peut-être préféré le récit, non seulement comme forme culturelle, mais surtout comme mode d'organisation des données. Partout, en histoire, dans le roman, au cinéma, le récit domine — le récit linéaire, causal et final, avec un début, un milieu et une fin, un nœud et un dénouement. Mais la « révolution numérique » propose un modèle concurrent, celui de la *banque de données*, la collection d'informations[3]. Le modèle n'est pas nouveau — la bibliothèque, le cabinet de curiosités, le musée, le zoo, donc, en étaient déjà —, mais il devient aujourd'hui une forme dominante d'organisation du savoir, un modèle théorique et même un mode de pensée.

3 Pour la question du récit, voir notamment : Sean Cubitt, « Spreadsheets, Sitemaps and Search Engines: Why Narrative is Marginal to Multimedia and Networked Communication, and Why Marginality is More Vital than Universality », dans *New Screen Media*: *Cinema*, *Art*, *Narrative*, sous la dir. de Martin Rieser et Andrea Zapp, London, British Film Institute, 2002, p. 3-13 ; Lev Manovich, « The Database », dans *The Language of New Media*, Cambridge (Mass.), The M.I.T. Press, 2001, p. 218-243.

Les collections de Baier — ses collections d'images ou ses images-collections — pourraient bien être, à la fois, la figuration de cette nouvelle logique de la banque de données et son incarnation exemplaire.

Autoportraits, autobiographies

Quoi qu'il en soit, les collections de Baier sont toujours largement personnelles. Même si la figure de l'artiste est rarement représentée ici[4], les images, comme celles de *Liquidation Niko & Cie*, *Petits riens* et bien d'autres œuvres encore, documentent les lieux de vie et de travail de l'artiste, les objets qui l'entourent. L'artiste peut bien affirmer qu'il a procédé ainsi par paresse plutôt qu'à dessein, que bien des objets n'étaient pas les siens, que certaines images apparemment intimes n'ont pas été prises chez lui, mais chez des amis, il reste que ces lieux et ces objets sont essentiellement les siens et que, en tant que tels, ils se mettent à le représenter.

Ces collections sont ainsi en quelque sorte des autoportraits. Mais elles pourraient bien relever plutôt du genre de l'autobiographie. La différence entre l'autoportrait et l'autobiographie n'est pas médiatique (il existe des autoportraits littéraires et des autobiographies visuelles), mais temporelle : l'autoportrait est une description de l'artiste à un moment donné, l'autobiographie est un récit de sa vie ou d'une partie de sa vie[5]. Les collections de Baier ont toujours une dimension temporelle.

Déjà, les quelques inventaires de *Liquidation Niko & Cie* sont, par la magie de ce titre surtout, placés dans un singulier cadre narratif : celui d'une dispersion de stock après une faillite ou, pire, celui d'une vente aux enchères posthume, comme si l'exposition était une seconde mort. Par leur grande précision et leur facture étrangement artificielle, les *Petits riens* peuvent sembler figurer un présent éternel. Mais les objets rassemblés ici appartiennent à des temps différents, ils ne sont pas tous également neufs, ils ont des degrés d'usure variables ; certains sont durables, d'autres périssables ; ils correspondent à des périodes distinctes de l'histoire des techniques ; ils représentent divers moments de la vie de l'artiste. Et il est possible que nous regardions bientôt (déjà ?) cette œuvre avec un brin de nostalgie, comme une *time-capsule* de la vie passée de l'artiste et d'un monde révolu ? Et puis, le mode de production de l'œuvre est éminemment temporel : cette photographie n'est pas un instantané pris par un appareil photo, mais une image construite lentement, quotidiennement, sur des mois[6], par un *scanner* qui a numérisé chaque objet indépendamment, face après face, ligne à ligne, et par un logiciel de traitement de l'image qui a reconstruit chaque objet, l'un après l'autre, puis l'image finale.

Dans les deux séries réalisés en 2000 — *28/29/30, Mardi, Septembre* et *05/06/07, Mardi, Octobre* —, les collections personnelles prennent aussi une forte dimension temporelle. Chacune des images de ces deux séries est une composition numérique de plusieurs

4 L'artiste apparaît notamment dans *Lévitation* (2001) et, bien sûr, dans *Frise* (2003).
5 Philippe Lejeune, *Le pacte autobiographique*, Paris, Seuil, 1975.
6 Le travail a pris huit mois.

photographies d'un même lieu — une chambre à coucher dans la première, le coin d'un salon dans la seconde —, prises exactement du même point de vue, mais à des moments différents : la lumière a changé, certains objets, certains meubles ont été déplacés, d'autres sont apparus, d'autres encore ont disparu, le lieu s'est vidé, comme après un déménagement, etc. L'image composite finale se trouve ainsi être comme un collage ou un palimpseste de plusieurs moments, la représentation d'une longue durée, du passage du temps.

De même, dans *Frise* (2003), la collection est aussi autobiographique, parce qu'elle représente l'univers de l'artiste dans le temps. L'œuvre est en quelque sorte un diptyque installé des deux côtés d'un mur flottant. L'avers est un ensemble de photographies de famille et de quelques papiers épars, épinglés directement sur la paroi. Le revers est une immense reproduction photographique, à l'échelle, du premier ensemble. Les images de l'artiste ainsi juxtaposées viennent de temps différents et forment la représentation d'une vie. Et, encore une fois, le mode de production des deux parties du diptyque n'est pas instantané, comme d'habitude la photographie, mais lent et largement manuel : d'un côté, les images ont été épinglées les unes après les autres ; de l'autre, elles ont été numérisées une par une, découpées, puis réarrangées en une seule image[7].

Tempus fugit

La question du temps est probablement centrale dans les œuvres de Baier. Même lorsqu'elles ne sont pas clairement autobiographiques, ces images suscitent une méditation inquiète sur le passage du temps.

D'intérieur (2000), par exemple, représente simplement une plante en pot. Comme dans le cas des triptyques, le motif a été photographié plusieurs fois, à des moments différents : la caméra est restée fixe, mais la plante a bougé et la lumière a changé, du bleu matinal à l'orangé du soir. L'une des photographies montre même l'espace vide, comme si la plante avait finalement disparu. *Morte* (2000) représente le même motif, la même plante précisément, quelque temps après. La plante est morte, les feuilles sont tombées, les tiges ont séché. Cette fois, une seule photographie a été prise, mais elle a été découpée numériquement en un très grand nombre de minuscules parallélogrammes, puis recomposée dans un ordre largement aléatoire. Dans l'œuvre finale, la plante est visible, mais l'image est parasitée — par elle-même. *Chrysanthème* (2001), de même, associe le motif floral et le passage du temps.

L'œuvre conçue pour le Pavillon intégré Génie, Informatique et Arts visuels de l'Université Concordia (2004) explore le même motif végétal, photographié plusieurs fois. Mais, alors que, dans *D'intérieur* et dans *Morte*, la caméra était restée fixe (sur un trépied) et que le

7 Pour tout cela, voir notamment : Gilles Godmer, « Anatomie de la vie domestique », dans la présente publication ; Anne-Marie Ninacs, « Pour un peu d'éternité », dans *L'emploi du temps*, Québec, Musée national des beaux-arts du Québec, 2003, p. 37-69 ; Jacques Doyon, « Objets de convoitise, objets de tractations », dans *Objets de convoitise, objets de tractations*, Ottawa, Galerie 101, 2001 ; Emmanuel Galland, « Nicolas Baier. De la peinture par téléphone », dans *CVphoto*, n° 52, automne 2000, p. 7-14.

motif avait été déplacé, ici le motif est resté fixe et la caméra (tenue à la main) a été déplacée. L'image finale est une composition d'images prises de différents points de vue, et non pas d'un seul. Le procédé peut sembler plus spatial que temporel, plus cubiste que futuriste, mais la multiplication des points de vue ne fait qu'accentuer la dissociation temporelle des fragments et manifeste mieux encore le passage du temps au cœur même de la perception la plus immédiate. L'installation de la composition sur la façade d'un édifice a magnifié cette fragmentation de l'espace et du temps. Semi-transparente, l'image est elle-même modifiée par les variations de la lumière, naturelle et artificielle, du matin au soir, jour et nuit. Monumentale, elle impose une expérience temporelle aux passants, qui peuvent difficilement la voir tout entière instantanément ; et, surtout, aux occupants de l'édifice, qui n'en voient jamais que quelques fragments.

Capillaires (2002) manifeste clairement cette analogie entre la plante et le corps humain, une continuité, même. Cette photographie d'un arbre effeuillé, à contre-jour, n'a pas été considérablement manipulée, mais seulement rougie, comme pour transformer l'arbre en un réseau de vaisseaux sanguins. L'image établit ainsi un lien, métaphorique et même généalogique, entre la structure de la plante et celle du corps, entre la circulation de la sève et celle du sang, entre la croissance végétale et la croissance humaine. Elle figure ainsi la vie en général et elle évoque, *ipso facto*, sa brièveté.

Ces images à motif végétal montrent plus clairement que les autres la nature du temps représenté dans les œuvres de Baier : il s'agit moins d'un temps strictement photographique que d'un temps organique et humain ou, plutôt, de l'articulation dialectique d'un temps mécanique et d'un temps humain.

D'autres œuvres poursuivent cette médiation sublime à une autre échelle, en évoquant la très longue durée du temps cosmique. Dans *Noir/Nuit* (2001), par exemple, Baier a photographié séparément toutes les petites lumières électriques qui brillent la nuit dans l'intérieur de nos foyers — une horloge, le poêle, l'écran et les touches d'un téléphone cellulaire, etc. — pour les réinscrire dans un même espace noir. Dans l'image finale, cet intérieur ponctué de points lumineux se met à ressembler à un ciel étoilé et infini. De même, dans *Cinémascope* (2002), Baier a simplement ouvert le *scanner* pour en numériser, plusieurs fois, la surface même, à vide. Dans l'image finale, les poussières accumulées sur la vitre, les traces et les marques que le temps y a laissées apparaissent sur un fond également noir et se mettent aussi à ressembler à l'espace. Et notre contemplation, comme notre vie entière, se trouve ainsi prise entre deux infinis, entre l'infiniment petit et l'infiniment grand.

Dans l'œuvre de Baier, les technologies numériques ne sont pas utilisées pour simuler et remplacer le réel (comme le dirait Baudrillard), mais toujours pour le documenter : même si l'image est toujours finalement numérisée et souvent manipulée, la captation en est encore l'origine ; et le caractère indiciel de la photographie, son attachement au réel, reste ici primordial.

De plus, ces technologies ne sont pas utilisées pour nier le temps et produire une simultanéité absolue (comme le dirait Virilio), mais au contraire pour tenter de représenter le passage inéluctable du temps. Il est vrai que la recomposition des images dans un ordre aléatoire peut sembler contredire la cohérence du temps, la chronologie. Mais l'image finale garde toujours le souvenir des divers moments captés et, surtout, de leur écart temporel. Ces œuvres sont plutôt, à cet égard, dialectiques : elles manifestent et nient, tout à la fois, le temps qui passe, comme pour le conjurer.

Il faut voir combien ces images, même les plus anodines, sont travaillées par la mort, par le passage entre l'animé et l'inanimé. *Lévitation* (2001), par exemple, montre l'artiste qui flotte dans l'espace ; *Oli* (2001) associe l'image d'un personnage qui dort et l'image du même qui marche ; *Sujet bas* (2003) présente un pied de plastique qui semble marcher sur la pointe, et *Atelier* (2004), un chat mort qui semble courir, etc. Et puis, *Stèle* (2003) montre une porte dont la vitre est couverte d'un vieux sac noir. La porte fermée (et sans poignée), la lumière obstruée, le plastique qui pend comme une peau et, bien sûr, le titre donnent à l'image une étrange dimension funèbre. De même, *Monolithe* (2004) qui présente aussi une porte fermée, mais plus opaque encore et de marbre, froide comme un tombeau.

Uchronies et utopies

Ceci dit, mêmes si elles sont ainsi largement documentaires, les photographies de Baier ont toujours une forte dimension fictionnelle. Elles sont généralement manipulées, elles sont mises en scène à la captation et/ou « compositées » ensuite sur ordinateur.

En effet, les lieux, les objets sont rarement documentés tels quels. Ils sont arrangés et réarrangés pour les besoins de la fiction documentaire : par exemple, la plupart des objets de *Petits riens* (2002) ont été achetés pour l'occasion ; certaines poussières de *Cinémascope* (2002) ont été déposées sur la vitre du *scanner* ; l'une des chambres photographiées est un décor construit dans l'atelier (*Lit d'atelier*, 2000) ; dans *D'intérieur* (2000), la plante a été déplacée entre les photographies ; dans les deux triptyques, certaines choses ont été ajoutées, enlevées, bougées ; souvent, l'éclairage a été modifié pendant la séance de photographie, etc. — tout cela pour simuler la vie, le passage du temps sur une journée, quelques jours, un mois.

De même, les images captées sont généralement transformées sur *Photoshop* : elles ne sont pas seulement évidemment découpées et recomposées, elles sont aussi discrètement retouchées : par exemple, dans *Frise* (2003), certaines parties de la reproduction photographique du mur ont été modifiées — un dessin changé, une personne remplacée par une autre, etc. ; dans *Labo* (2002), l'étrange cube en perspective formé pas les carreaux du sol a été construit numériquement[8] ; dans *Stèle* (2003), une poignée de porte a été effacée ; dans *Janvier* (2003), trois photographies ont été composées de telle sorte que l'image finale semble une représentation réaliste d'une femme miniature réelle, etc.

Parfois, les manipulations sont évidentes — le motif est trop invraisemblable et/ou l'image porte les marques du travail de *compositing* —, parfois les manipulations sont invisibles — ces marques ont été soigneusement effacées et le motif est réaliste. Souvent, le spectateur

8 La photographie originale est *N. 1*, 2001.

ne sait pas si la photographie est truquée ou si les choses se sont vraiment passées ainsi : l'image reste ambiguë et la réalité incertaine, comme dans les peintures de Magritte, comme dans les photographies surréalistes, où le hasard semble objectif et le réel, surréel. Et le spectateur hésite entre l'adhésion et l'incrédulité.

Les œuvres récentes de Baier sont ainsi ambiguës. Certaines accusent, et plus que jamais, le *compositing*, comme *Chasse/Chasseur/Chassé* (2005) et *Perspective/Retour* (2005), qui sont de simples collages de deux images l'une dans l'autre. De motif, de forme, de valeur, de lumière, de couleur et de texture hétérogènes — un paysage enneigé et une matière minérale, un paysage embrumé et la façade d'un immeuble —, elles cultivent une dialectique entre le chasseur et le chassé, l'intérieur et l'extérieur, le grand et le petit, etc. D'autres semblent au contraire des instantanés intouchés, comme *Le Canada est dans le marécage d'un terrain de golf à Laval* (2004) et *Le Canada est peinturé dans le coin d'un vieux pénitencier à Laval* (2004), qui présentent simplement, l'une, un dépôt limoneux à la surface d'une eau stagnante ; et l'autre, un mur écaillé, que le cadrage et le titre transfigurent en une carte géographique, comme si un détail du monde pouvait contenir une représentation du monde — ou, du moins, de l'ensemble géopolitique auquel il appartient.

En fin de compte, dans l'œuvre de Nicolas Baier, les technologies numériques ne sont pas vraiment utilisées pour documenter la réalité *stricto sensu*, ni pour en inventer une autre de toutes pièces, mais pour introduire de l'imaginaire dans le réel lui-même, de la fiction dans le temps réel, de la fiction dans le lieu réel, comme pour conjurer l'espace, le temps, la mort. C'est sans doute l'une des fonctions des utopies et des uchronies.

Planète (2002) présente la surface usée d'une table ronde, que le regard parcourt avec plaisir, comme celle d'une peinture abstraite. Mais, tout à coup, dans un détail sombre, dans l'infiniment petit, tout un paysage paraît, une plage au sable jaune, une mer turquoise, un homme et une femme. Sous les couches de peinture ruinées, la plage. Sous le temps, l'utopie[9].

9 Le « chronotope » du titre est librement emprunté à Mikhaïl Bakhtine (*Esthétique et théorie du roman*, Paris, Galllimard, 1978, p. 237). À l'origine, le terme vient des mathématiques et cherche à nommer la dépendance de l'espace et du temps établie par la théorie de la relativité d'Einstein.

Où sont les lieux sûrs de la poésie ?

Nicolas Baier

Les lieux certains ? Qu'est-ce qui fait que tout est habité, en tout temps, des entrailles jusqu'à toute surface ? N'est-ce pas la musique de nos propres yeux, l'observation qu'on en fait, la projection de soi dans l'autre ?

Je fais des images parce que c'est ma façon de tendre les bras, de rejoindre les autres, d'aider comme de me faire aider. J'imagine le spectateur comme un brouillard de possibilités affectives, où les rires et les pleurs fusionnent, où la séduction ne serait plus une nécessité parce qu'on toucherait déjà au « vrai », à l'observation active, au dédale des mélanges des visions de l'esprit, avec un regard qui viendrait du cœur.

« Tout le monde devrait peindre, ou photographier, ou faire des films, des vidéos, de la musique, écrire. » J'ai renoncé à cette revendication pour pencher vers une solution plus « pratico-pratique », plus probable : tout le monde devrait regarder, écouter, absorber puis filtrer les codes établis, réinventer le sens. Chaque objet, chaque paysage, chaque vue qui s'offre au regard, chaque instant qui défile, comme chaque sentiment humain, tout a son propre potentiel de douleur et de bonheur, et entre les deux toute la gamme de couleurs. C'est la pensée la plus réconfortante que je connaisse.

Mes photos, c'est de la peinture ?

C'est drôle, oui, en quelque sorte. La peinture, c'est pour moi un système d'observation, d'associations éparses ou groupées qui, par l'inventivité de sa propre imagerie, tend à se rapprocher d'une réalité de plus en plus occultée : l'imaginaire, le rêve, les souvenirs transformés.

Mais on oublie facilement que je fais en premier lieu de la photo.
J'essaie depuis le début de ma pratique, et c'est bien là le fil conducteur qui unit ma production, de photographier le *non-photographiable* et de capter l'invisible. C'est une quête de l'impossible, la composition de nouveaux mondes…

En ce sens, j'ai les mêmes buts, les mêmes ambitions utopiques qu'avaient plusieurs photographes, précurseurs de la boîte noire, chercheurs, inventeurs des débuts de la pratique au XIXe siècle : avec comme prémisses, dès l'apparition de ces nouvelles images qui tentaient de représenter fidèlement la réalité, la volonté de capter ce que l'œil ne voyait pas.

Depuis l'exposition *Liquidation Niko & Cie*, cette question anime chacune de mes pièces. Je me suis amusé à utiliser, en arpentant des chemins de détour, des stratagèmes particuliers pour chaque image. J'ai tenté d'opérer des ruptures, de légères scissions, en espérant construire des dialogues distincts, des *items* de natures disparates que je faisais se rejoindre, se toucher et s'associer « le temps d'une image ».

En voici quelques exemples :

La radiographie

Le réseau sanguin de *Capillaires* n'est en fait qu'un morceau d'arbre, avec son monceau de branches en réseau cadré en contre-plongée. Je voulais une photo médicale, *stéthoscopique*. Telle est cette quête pour *Cinémascope, Planète*.

La télescopie, la microscopie

Le cosmos, les constellations et les galaxies de *Cinémascope* ne sont en fait qu'un amas de poussières numérisées. Comme nos corps ne sont en fait qu'un amas de poussières d'étoiles. Comme un dessus de table de cuisine texturé a été la matière première de *Planète*.

La macro

Les *scans* de *Petits riens* sont magnifiés de telle sorte qu'on ne reconnaît plus en eux, dans leur mixtion et le cocktail visuel qu'ils forment, les repères habituels de la photo et d'un monde connu. La « capture » s'effectue en un autre champ : le numérique transforme la réalité en illustration. Le flottement, l'abondance, ce fatras incompréhensible, tout participe de l'effet.

Le *snap-shot*

Ou l'art de ne pas vivre le moment, d'être absent dans le présent. *Sujet bas* est le seul vrai *snap-shot* de mon corpus. Le pied postiche qui y est cadré est furtif, il cherche le silence, il veut faire oublier sa présence, il marche sur des œufs, sur un tapis, et porte la chaussette. Il veut se faire oublier, disparaître. Son corps absent — et dont on devine le geste, la pose — est effacé.

La *night-vision*

Absinthe, c'est une tentative de s'approprier le nerf des soirées *picole*. Une nature morte, une vanité d'alcools. Les pixels sont omniprésents sous une luminescence verdâtre (comme les images TV des guerres du Golfe et d'Irak). Le tout se dresse comme une cité dévastée, jonchée de cadavres de bouteilles de bière et de cigarettes sous l'apparat du filtre coloré de l'absinthe.

Le surnaturel

Depuis les débuts de la photo, on a cherché à capter sur pellicule les phénomènes paranormaux, les extraterrestres, les monstres marins, les médiums à l'ouvrage, le yéti, les *mothmen*, les gnomes et les lutins. Avec *Janvier*, j'ai voulu dériver de ces tentatives en y ajoutant la notion de solitude, de contraste entre le petit (l'intérieur, le corps) et le grand (l'extérieur, le monde, l'univers).

Martin H., Martin D., Emmanuel G., Marie-Claude B. & Yan G., Michel S.-M., François L., Alain P., Patrick C., Frédérick B., Samuel L., Jacinthe P., etc.

Les outils de prise de vue numérique permettent de créer des composites inusités. Ce qui n'était pas une prémisse dans mon travail apparaît comme un double leurre au moment de la confrontation publique. Le premier leurre est celui de l'effet traité plus haut : permis par l'effacement, les subtilités des manipulations infographiques à partir de points de vue et compositions anachroniques. Rencontrer le public, entendre des commentaires, des critiques, c'est réaliser (ô) combien un deuxième leurre non prémédité se fait jour. Effectivement, tout un chacun — intellectuel, amateur d'art, visiteur-regardeur avisé ou non — prend pour acquis l'essence autobiographique de mon travail. Ces spectateurs semblent se projeter spontanément dans mes intérieurs, dans mes ateliers, en prenant ces indices iconiques pour miens. Tout au contraire. La plupart du temps, mes images-sources proviennent de bien des horizons. Ces horizons sont toutefois réduits à ma sphère privée, celle du travail, des rencontres fortuites ou rendez-vous amicaux, des hasards heureux. En soi, on pourrait décrire mes images comme de l'autofiction. Appropriation, déplacement, construction, raccordements.

L'objectif de ce texte n'étant pas de tout démasquer, nous n'irons pas plus loin.

Nota Bene

Une entrevue conduite par Emmanuel Galland

Ta définition de la beauté ?
La beauté n'existe pas, on ne fait que se projeter dans les objets, les peintures, les films, les expériences. Tout est inanimé, c'est nous qui conférons une aura aux *items*. Néanmoins, quand cet exercice s'opère, il fait jaillir un sentiment admiratif, quelque chose de doux aux papilles.

Qu'est-ce qu'une bonne image ?
C'est lorsque le pouvoir d'évocation surpasse la plasticité et qu'elle rebondit. Entre eux s'échafaudent alors — dans un mouvement de va-et-vient aléatoire — une complicité authentique qui a comme intention la synthèse au service du sens.

Je t'ai connu occupant un des ateliers de la Galerie Clark, lieu de travail artistique, lieu pour tes outils de construction, lieu de beuveries et canapé pour toute chambre (l'atelier-garçonnière). Tous tes mondes en un seul cénacle. Aujourd'hui, dans le nouveau Centre Clark — www.clarkplaza.org —, ton atelier est entrepôt tandis qu'à la maison, l'ordinateur-roi trône au milieu du salon. Il semble être devenu l'atelier-réceptacle — une compression — de tes fantasmagories et expérimentations multiples. Un travail de « petites mains » dans un environnement relativement aseptisé remplace les façonnages et échafaudages (menuiserie, rénovation, design etc.) parfois laborieux. L'espace l'atelier ?
Je m'en passe. Mon atelier est partout là où je suis, où mes yeux se posent. C'est donc très vaste et nulle part à la fois. Idéalement il me faudrait un espace, très grand et aéré, pour accrocher, pour tester, pour explorer. C'est difficile de s'imaginer une photo à sa taille réelle à l'écran. Pourtant, c'est essentiellement comme ça que je travaille. Ça crée de bonnes et de mauvaises surprises lors du développement des grands formats ou de l'installation. Il y a donc place pour beaucoup d'améliorations de ce côté.

Que réponds-tu à ceux qui parlent de ton travail comme du « *Photoshop* 101 » ?
Qu'ils ont tout à fait raison. Je ne suis ni un plasticien ni un artisan. Toutes les manœuvres qu'il m'est donné d'exécuter sont d'un simplisme à couper le souffle, que ce soit au moment de la prise de vue ou de la manipulation par ordinateur.

Au Québec, Alain Paiement, Roberto Pellegrinuzzi, Raymonde April, Jocelyne Alloucherie, Geneviève Cadieux, Angela Grauerholz, Sorel Cohen, Lynne Cohen, Gabor Szilasi, Charles Gagnon, Serge Tousignant, Donigan Cumming, Evergon, Dominique Blain, Holly King, etc., t'ont précédé comme photographes qui comptent à une époque où le médium photo prenait toute sa place dans le champ de l'art.
Je ne me vois pas faire mieux, mieux que quoi, que qui ? Tu ne parles strictement qu'en termes de diffusion, ou de ventes, je laisse ce soin à d'autres, à toi si tu en as envie. Je ne vois pas de raisons de forcer les choses, le bonheur ne se trouve certainement pas là. Aussi, pourquoi toujours ce besoin maladif de se comparer ?

Quelle est la nature de ton engagement ?
Il est d'ordre poétique. Je crois qu'avec le temps et l'expérience, la poésie peut atteindre l'altruisme.

Peut-on considérer que ta démarche artistique ne constitue qu'un éternel et lancinant autoportrait d'un jeune Blanc d'Amérique du Nord ?
Pourquoi pas ? Tous les symptômes y sont réunis. Cela dit je ne photographie que rarement des lieux où j'habite. Il y a donc un autoportrait dans la mesure où je prends des photos dans des lieux ou sur des sites où je me trouve. Jeune ? À quel âge ne le sommes-nous plus ? Et puis, il n'y a presque pas d'humains dans mes images, et quand il y en a, ils sont de moins en moins identifiables. On peut mettre des *tags* sur tout, et ça restera l'avis de celui ou de ceux qui les cautionnent. Une façon de faire à l'américaine ? Les lieux parlent, c'est évident, mais de quels lieux parle-t-on ? Des planchers de salles de bain, des ruelles enneigées, des garages *scrapés*, des sites abandonnés, des chambres de jeunes hommes, des cuisines d'artistes, des ateliers de menuiserie, des forêts, un bois en clair/obscur, un lac agité, une bibliothèque pêle-mêle, le lieu d'une fleur qui se meurt, celui d'un couple qui s'effeuille sur une planète qu'ils se sont inventée, d'un cosmos magnifié, d'une montagne frigorifiée, d'un ciel habité, d'un chat qui se cache pour mourir, d'une vaisselle qui s'est faite, d'un son qui endort et qui te perd, de vases communicants, etc. Est-ce particulièrement occidental ? S'il faut étiqueter, alors étiquetez ! Je vous en laisse le soin, il n'y a plus de séparateurs dans mes tiroirs...

Que penses-tu des grands projets d'art public, les « 1 % »[1], comme celui à grande échelle que tu as produit pour le Pavillon intégré Génie, Informatique et Arts visuels du Campus Sir George Williams de l'Université Concordia[2] ?
Il faut faire attention. Il y a des risques bien concrets dans un projet d'envergure. Les contraintes sont nombreuses et multiples, et je ne parle pas seulement des impératifs techniques et économiques, je parle surtout du fardeau social, de la pression et de la subordination qui vient de l'idée même du travail collectif (avec différents corps de métier parfois hétérogènes) et de la commande initiale (qui impose attention aux responsables du lieu, aux usagers, aux autres publics dans un cadre durable et sécuritaire). Ce n'est pas vrai qu'on va montrer ce qu'on veut. Ce n'est pas vrai non plus qu'on va travailler seul et tranquille. Il faut savoir que le comportement d'un artiste n'est pas ce qu'il y a de plus grégaire. Je suis en apprentissage. Pendant ce temps, les avocats font leurs frais.

Existe-t-il un risque pour les photographes qu'avec la démocratisation des appareils numériques et la prolifération des prises de vue automatiques, la valeur de l'image diminue ?
Pas tant que l'image est habitée. Je m'attelle au *non-photographiable* et je cherche l'outil adéquat pour y parvenir. M'intéresse l'invisible à l'œil nu. Observation, cadrage, traitement sont les mamelles de mon travail. Le regard que je porte sur le monde a plus à voir avec les origines de la photographie (la micro, la macro, atteindre/représenter les planètes, l'invisible et ses chimères, etc.) qu'avec les bidouillages les plus contemporains. Ce qu'il y a de chouette avec la numérisation, c'est que l'idée même du travail est évacuée grâce à son immédiateté. S'ensuit une réelle conscientisation : il y a eu un rapprochement tangible avec l'exercice même de l'observation, une fusion entre le concept et la pratique, quelque chose de plus direct, de plus pur.

Tu sais que la plupart de tes photos se retrouvent chez des collectionneurs privés et en partie dans ces faux lofts et condominiums qui fleurissent actuellement à Montréal. Ex-édifices industriels ou manufacturiers revampés, là même où des artistes-artisans-créateurs-travailleurs culturels œuvraient préalablement, subitement évincés et fragilisés devant ces développements immobiliers sans vergogne... Le nouveau slogan municipal de « Montréal, métropole culturelle internationale », les nouvelles Politique culturelle et Politique du patrimoine de la Ville n'empêchent pas ce phénomène de *gentrification* galopante.
Il n'y a pas d'argent propre. Ni de fumée sans feu.

1 La Politique d'intégration des arts à l'architecture et à l'environnement des bâtiments et des sites gouvernementaux et publics (Québec), www.mcc.gouv.qc.ca/artslett/integration-arts.htm.
2 Une de ses collaborations avec le Cabinet Braun-Braën, www.cabinetbb.com

Que réponds-tu aux gens qui prétendent que tu fais n'importe quoi, n'importe quand et comme ça vient ?
Encore là, ils ont raison. Je ne vois pas le problème de laisser libre cours à mes envies et à mon imagination. Je ne suis pas un mathématicien. Il n'y a rien d'exhaustif dans mon travail, je me promène toujours de pièce en pièce comme on joue à saute-mouton. Ça ne m'intéresse pas de retravailler un genre ou un modèle jusqu'à sa finition. Je préfère laisser aller. J'ai aussi choisi ce métier parce que c'en est un de liberté. Une liberté bien *emprisonnante*, celle de s'exhiber, de se mettre à nu donc d'être face à soi-même. Je n'ai pas vraiment de plan, de piste, de programme. Je n'en veux pas. Je n'ai pas envie de me dresser un pan bien droit, bien haut, avec des briques bien ordonnées, bien séquencées. Je ne veux pas de mortier (avec trop de textes explicatifs et de prémisses indéchiffrables) dans mes constructions. Je préfère faire dans l'accumulation, l'amas, où l'ensemble est édifié par enchevêtrements, d'un équilibre précaire, par juxtapositions hasardeuses : un embâcle, un petit barrage naturel en retrait, un village qui s'est fait avec le temps, sans plan d'urbanisme, et qui n'a l'air de rien, mais qui a ce qu'il faut.

Comment expliquer le passage de ton monde intérieur (du travail et du domestique) des dernières années aux images de nature sur lesquelles tu t'exerces actuellement ? 1- L'épuisement des images-sources ; 2- L'appel du grand air ; 3- La volonté d'illustrer les « grands espaces canadiens » ; 4- Un financement de Parcs Canada ?
C'est la même chose, la même quête, je ne vois pas de différence. Je ne fais que travailler sur le terrain de la poésie (et qui est vaste). Je n'ai fait que bouger l'axe de la caméra, je suis resté planté au même endroit. Dans cet exercice d'observation continuel, le temps se met de la partie, c'est le rapport au réel qui importe. Je n'ai pas l'impression de refaire le même « tableau », mais plutôt le même boulot, avec ses variantes. La charge émotive que je perçois d'un site, d'un emplacement, d'un fatras d'objets, d'un éclairage particulier, ce qui parle tout bas et pour personne. C'est ce qui me tient à cœur.

Puisque tu as débuté comme peintre avec un succès précoce en termes de vente, en tant qu'étudiant (exposition à la Galerie V.A.V, Université Concordia), puis poursuivi par la photographie plasticienne et manipulée/numérique en tant qu'artiste professionnel, achèveras-tu ta carrière comme *senior* avec un nouvel art de la *plasticine* ou bien encore par le retour du tricot ?
Peu importe, je me vois très bien retourner à la peinture, faire des sculptures avec des cartons d'allumettes, jouer dans la terre glaise... Rien n'est écrit.

As-tu menti durant cette entrevue ?
Oui, mais c'est toi qui le dis !

(21/02 — 28/03/05)

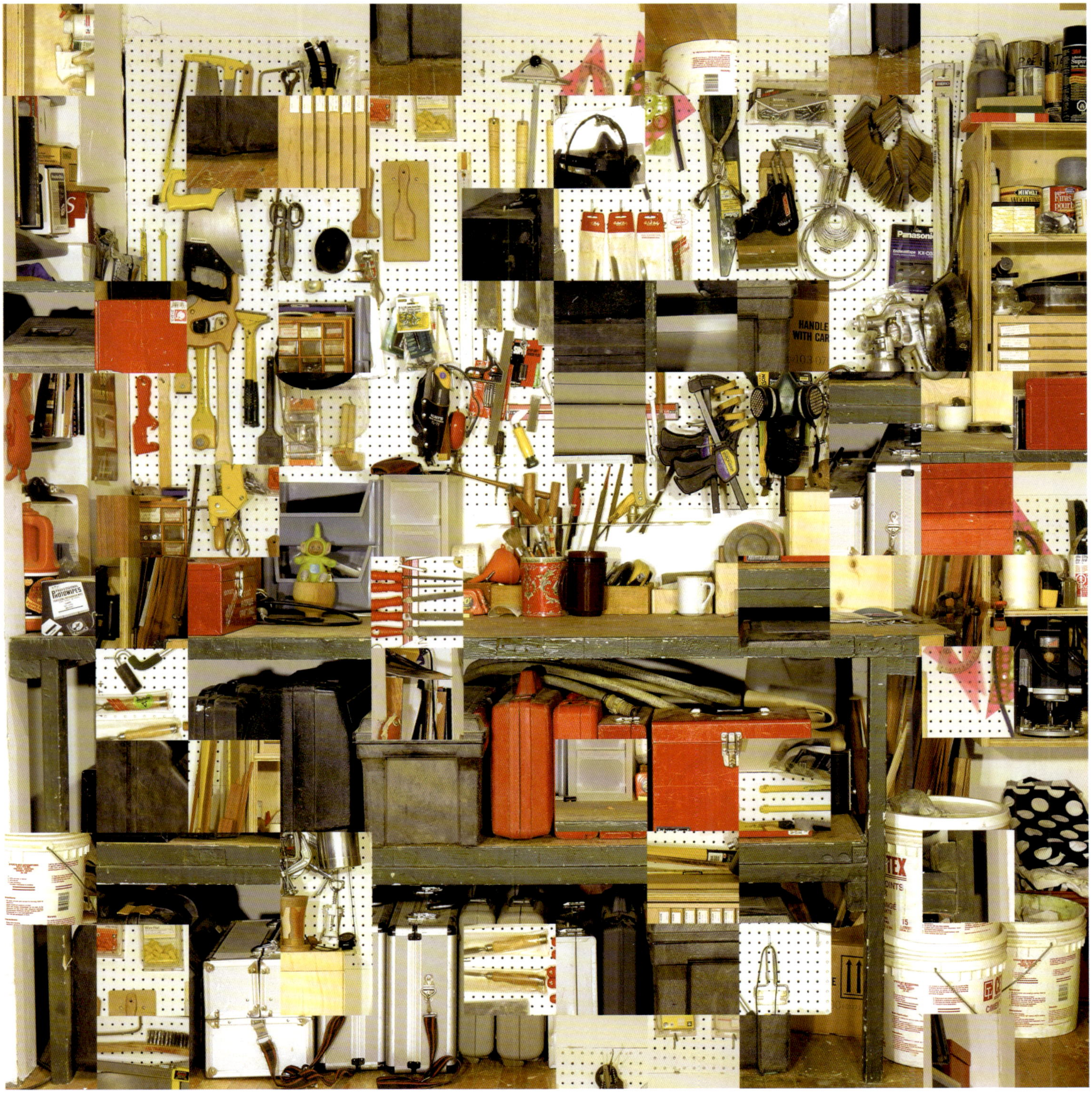

LIQUIDATION NIKO (ÉTABLI) 1999

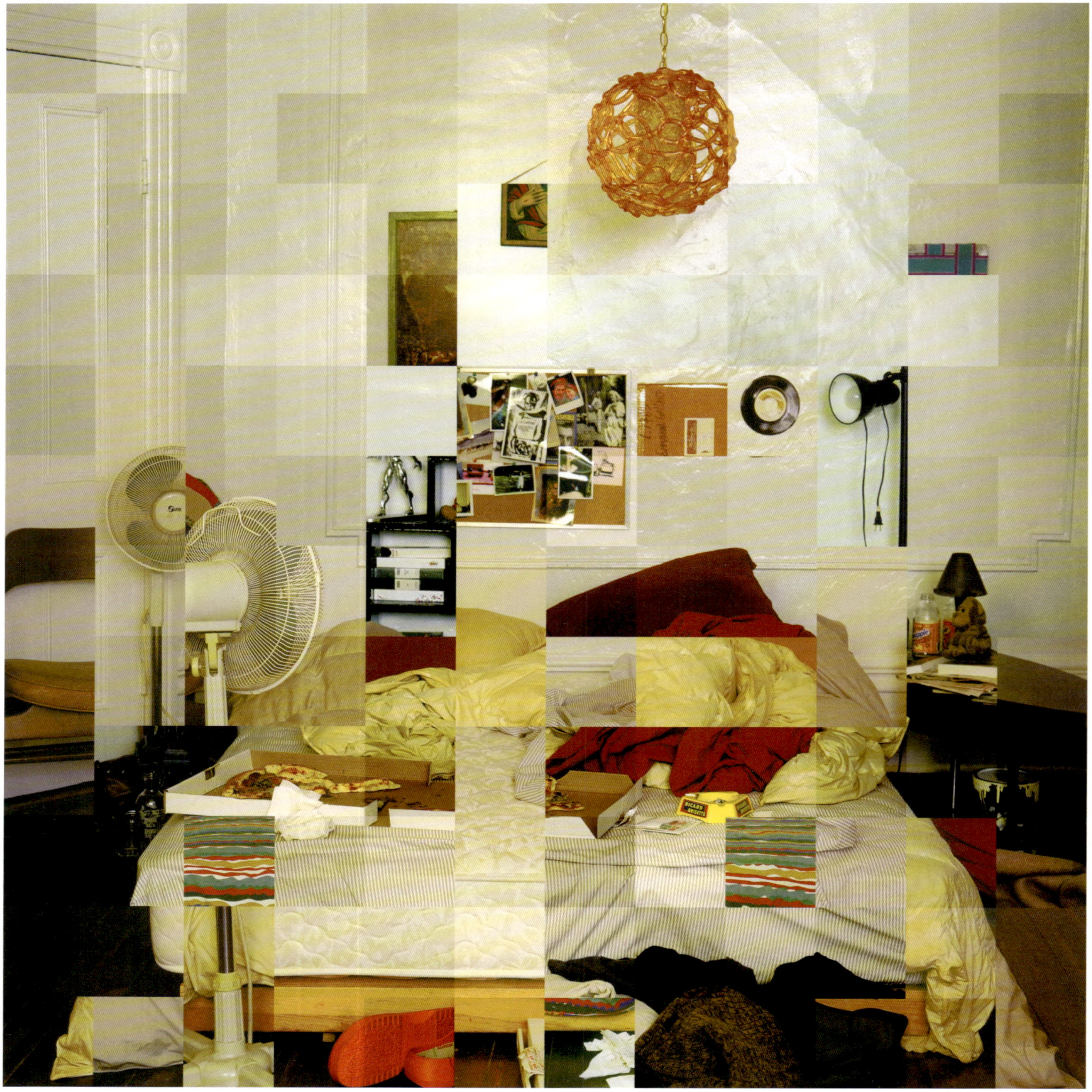

05/06/07 2000

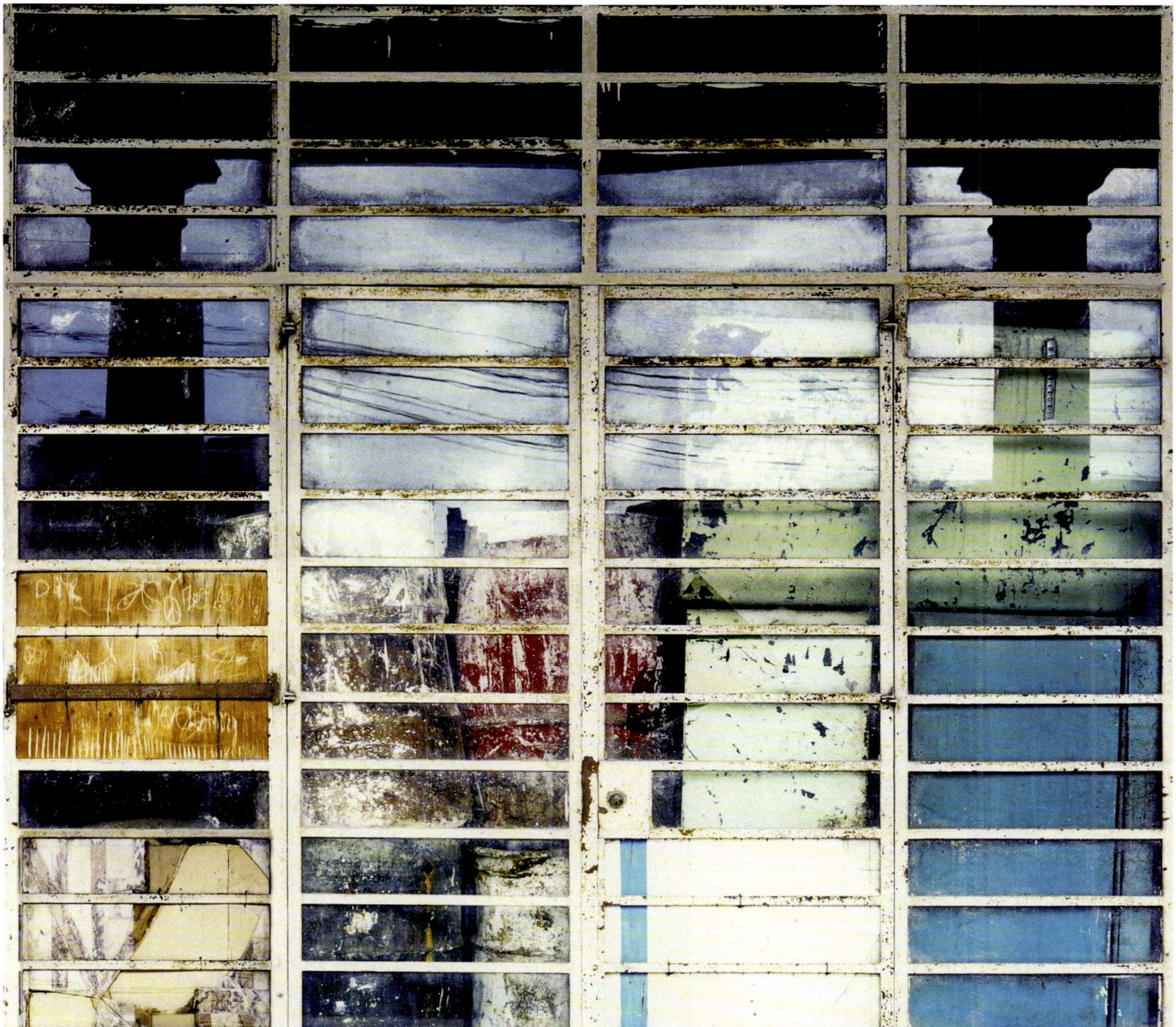

TOUTES LES TONNES DE MON CŒUR 2003

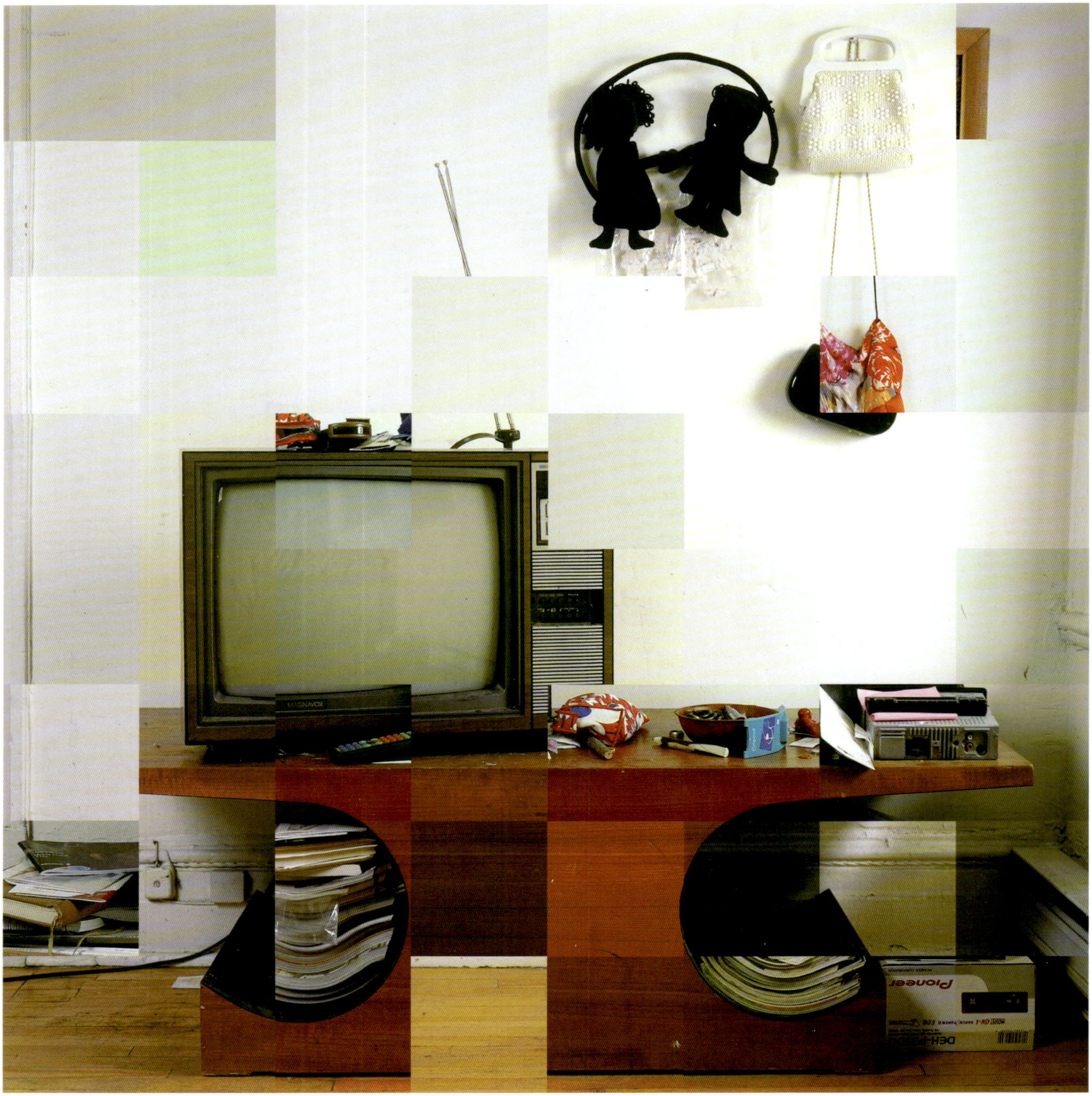

28/29/30 2000

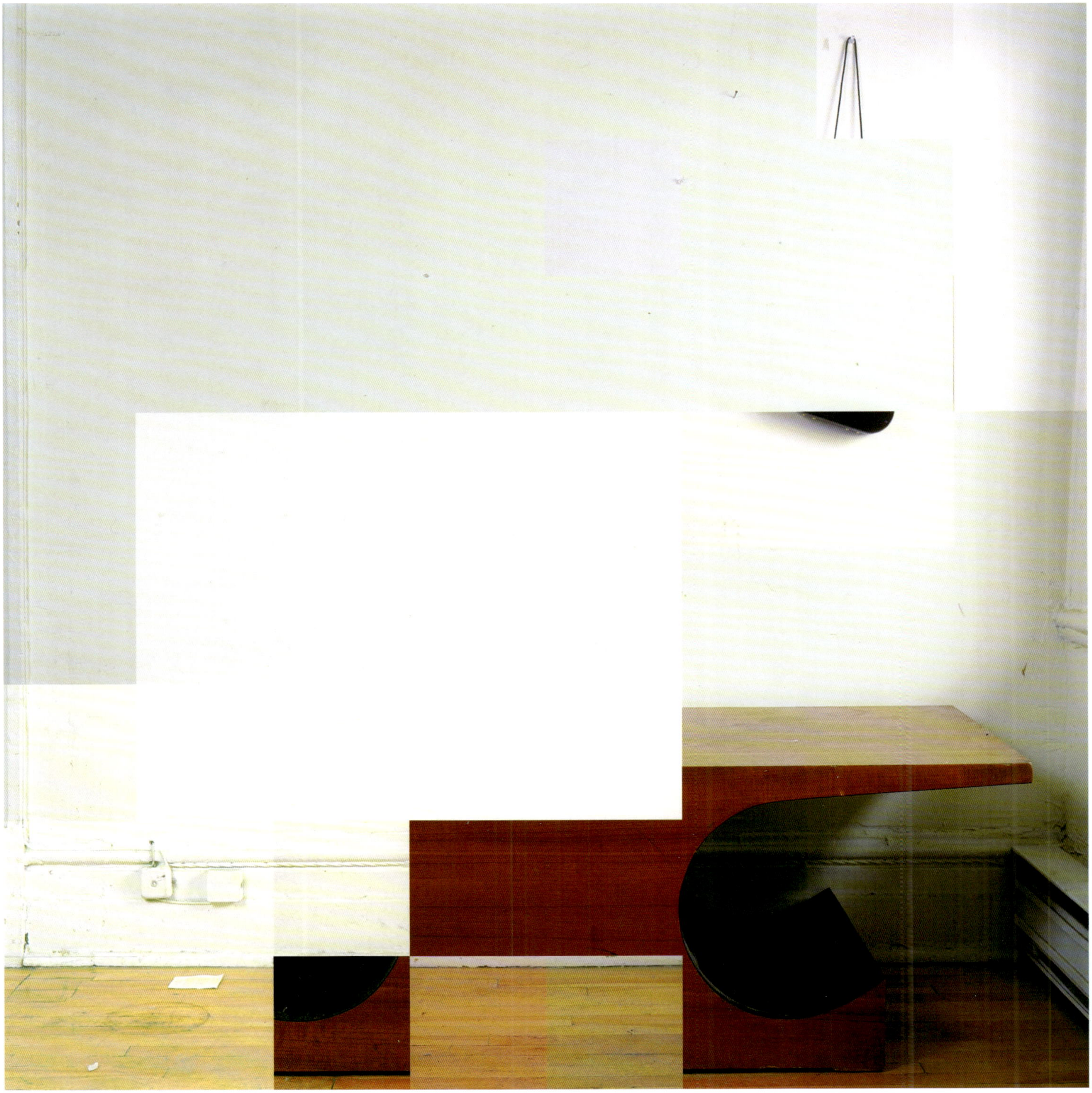

Mardi 2000

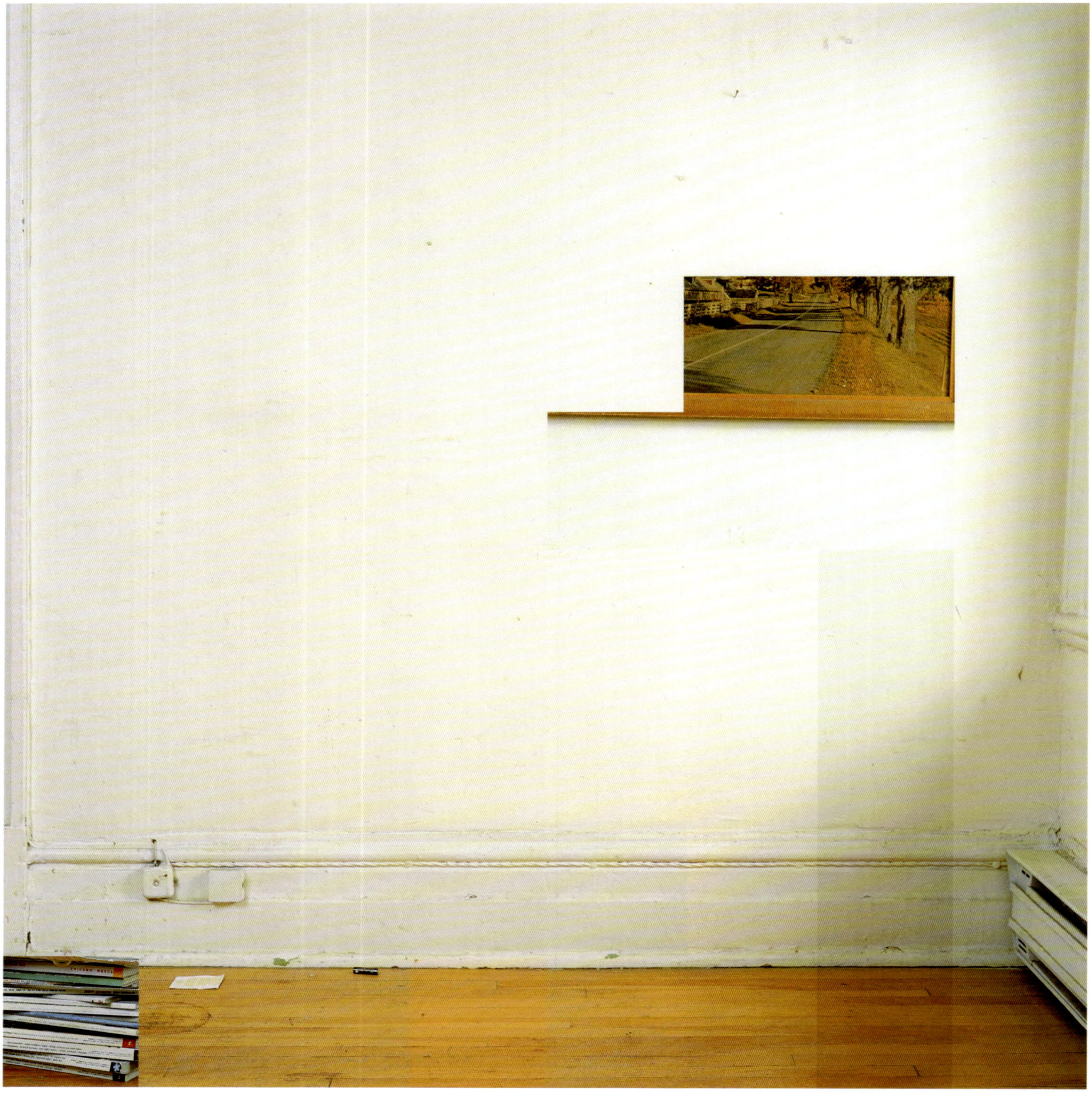

Septembre 2000

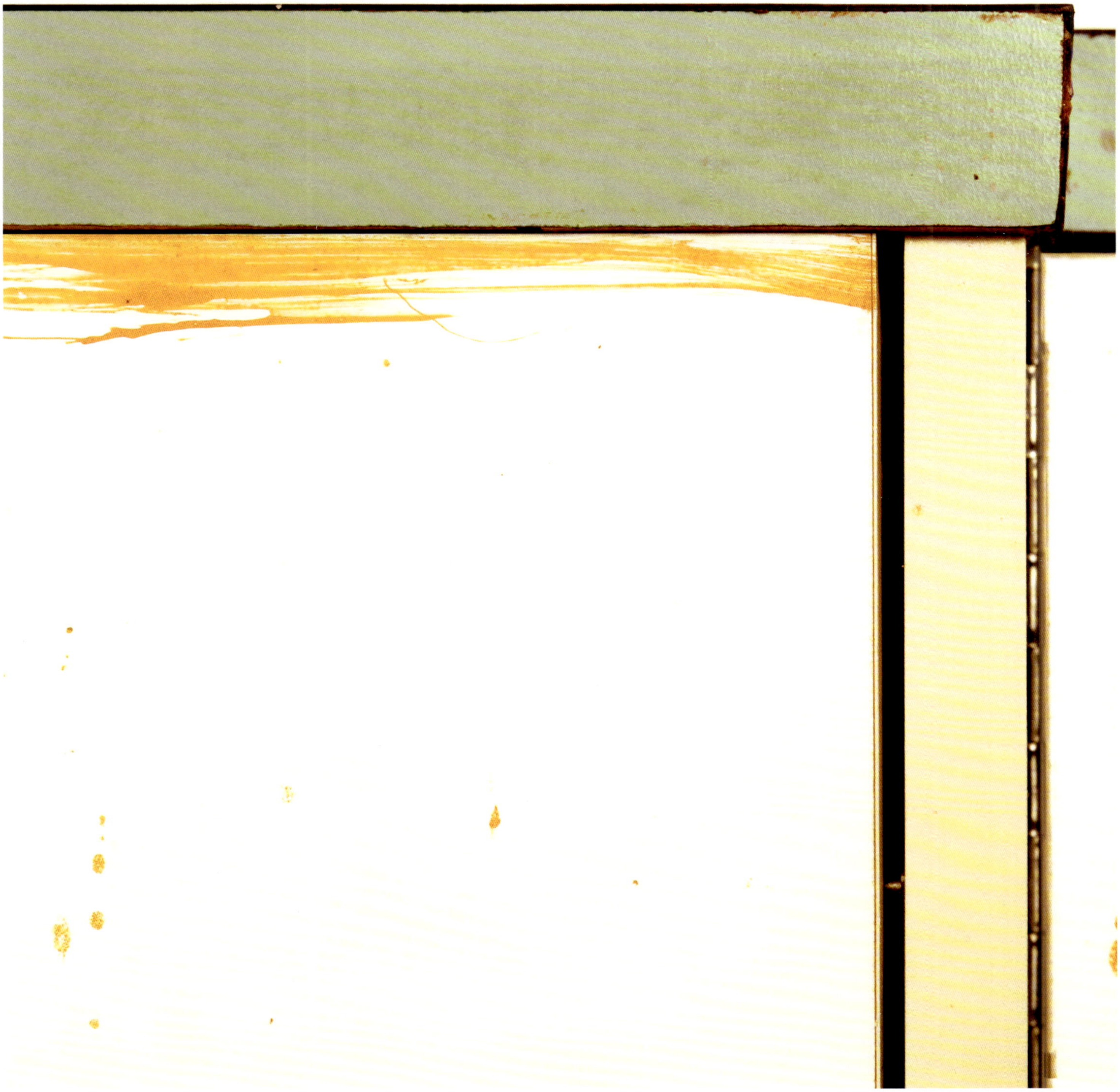

Comptoir 2002

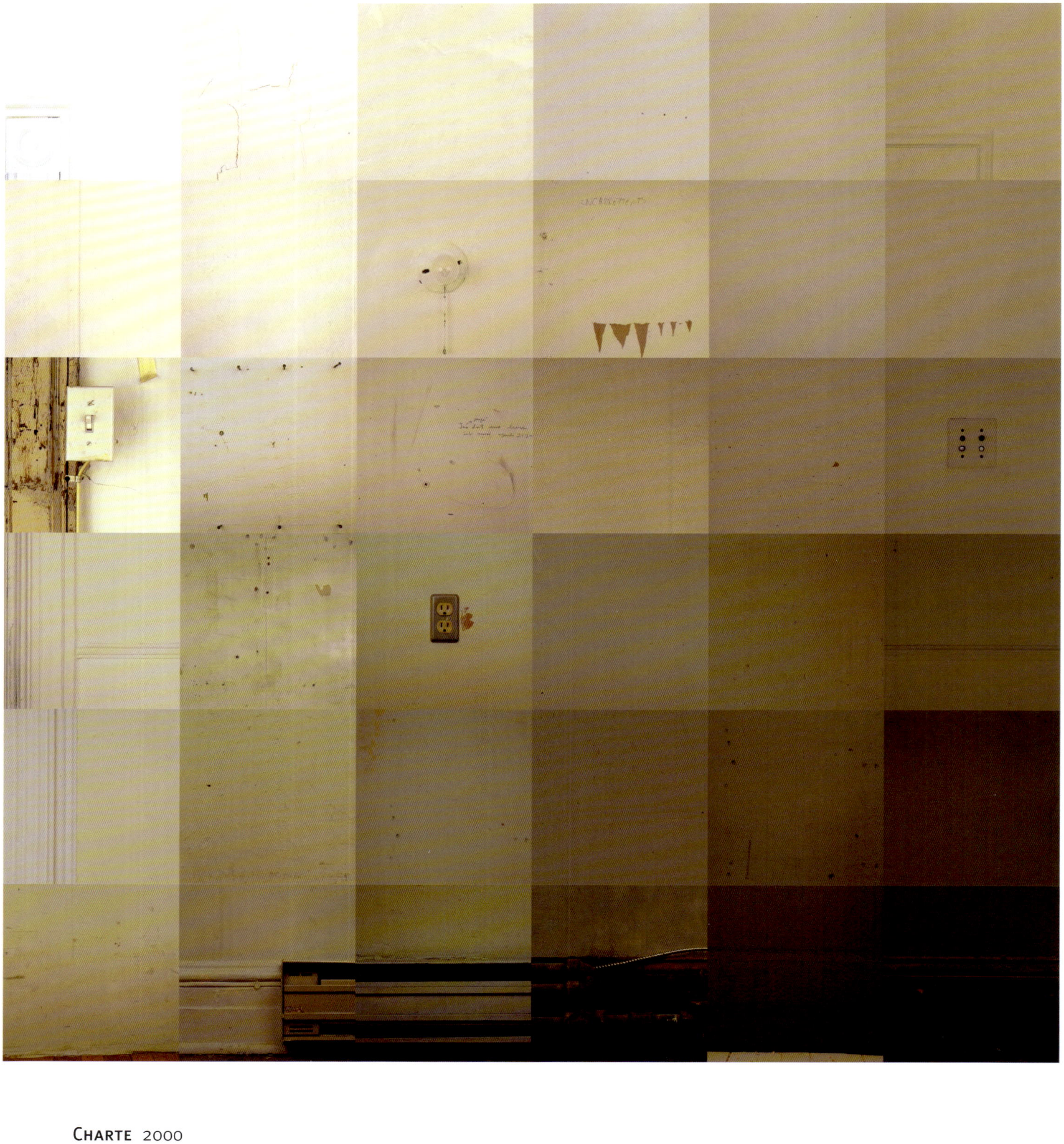

Charte 2000

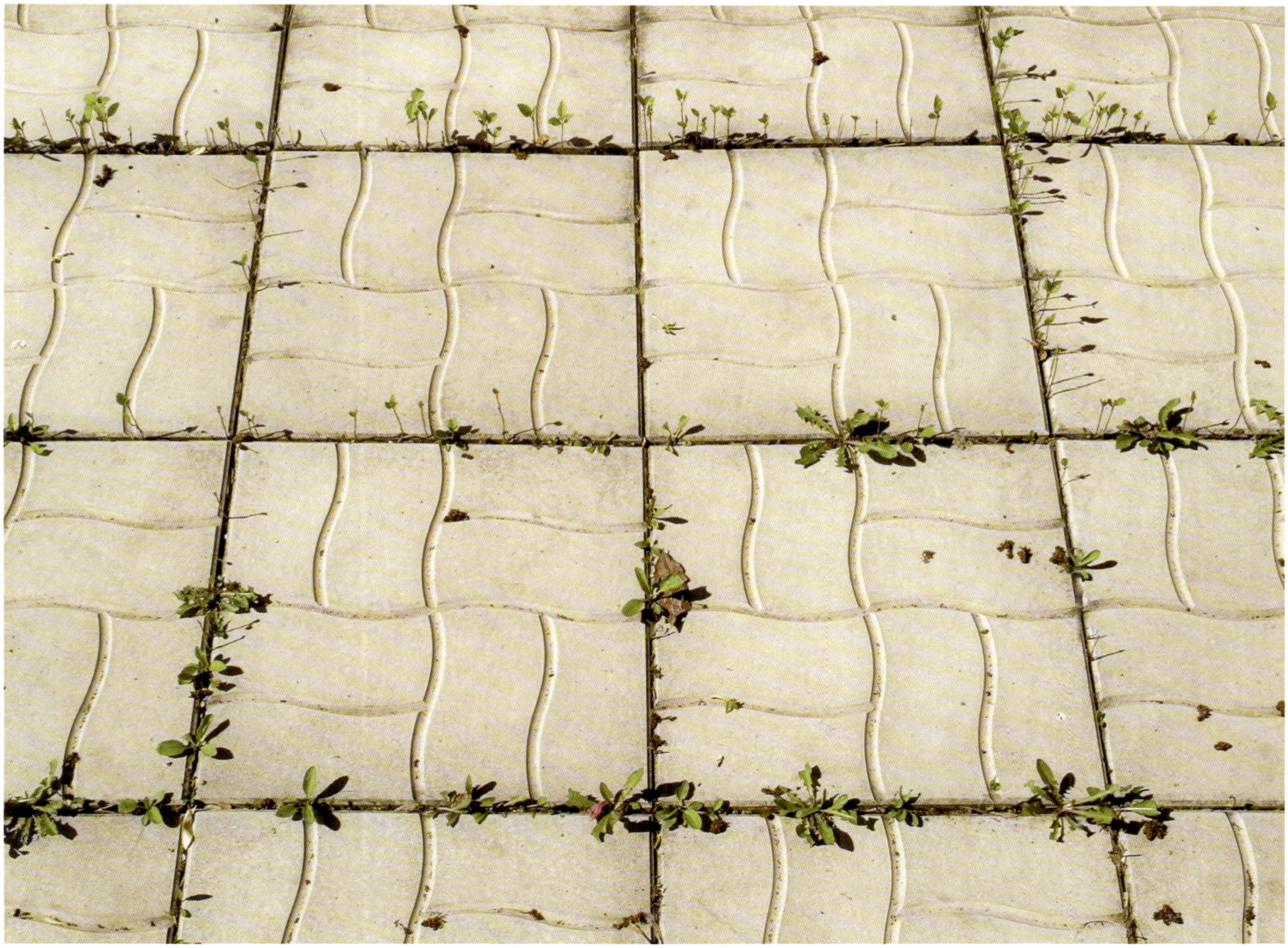

Comme un caillou dans un creux 2005

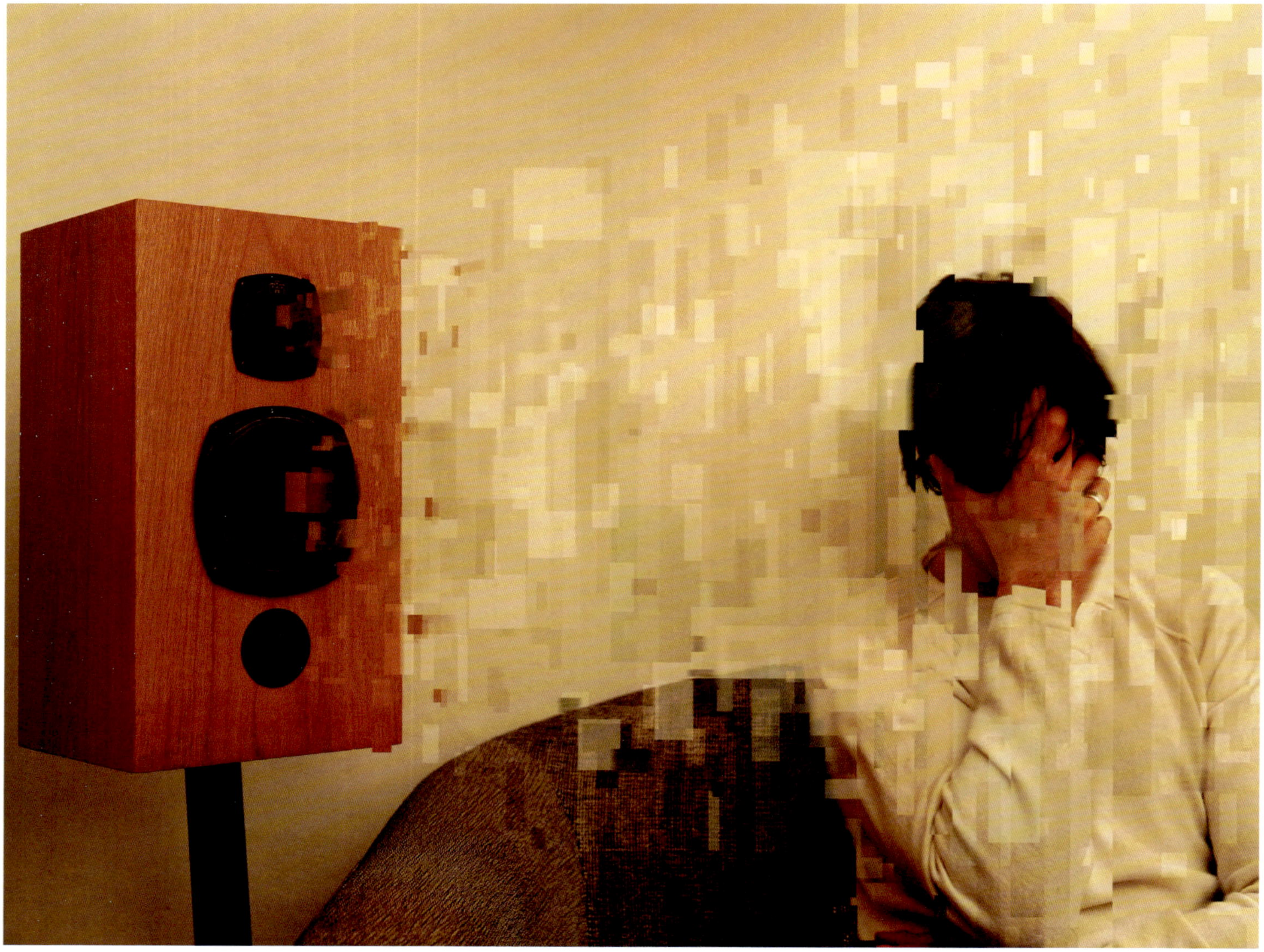

Souffleur 2001

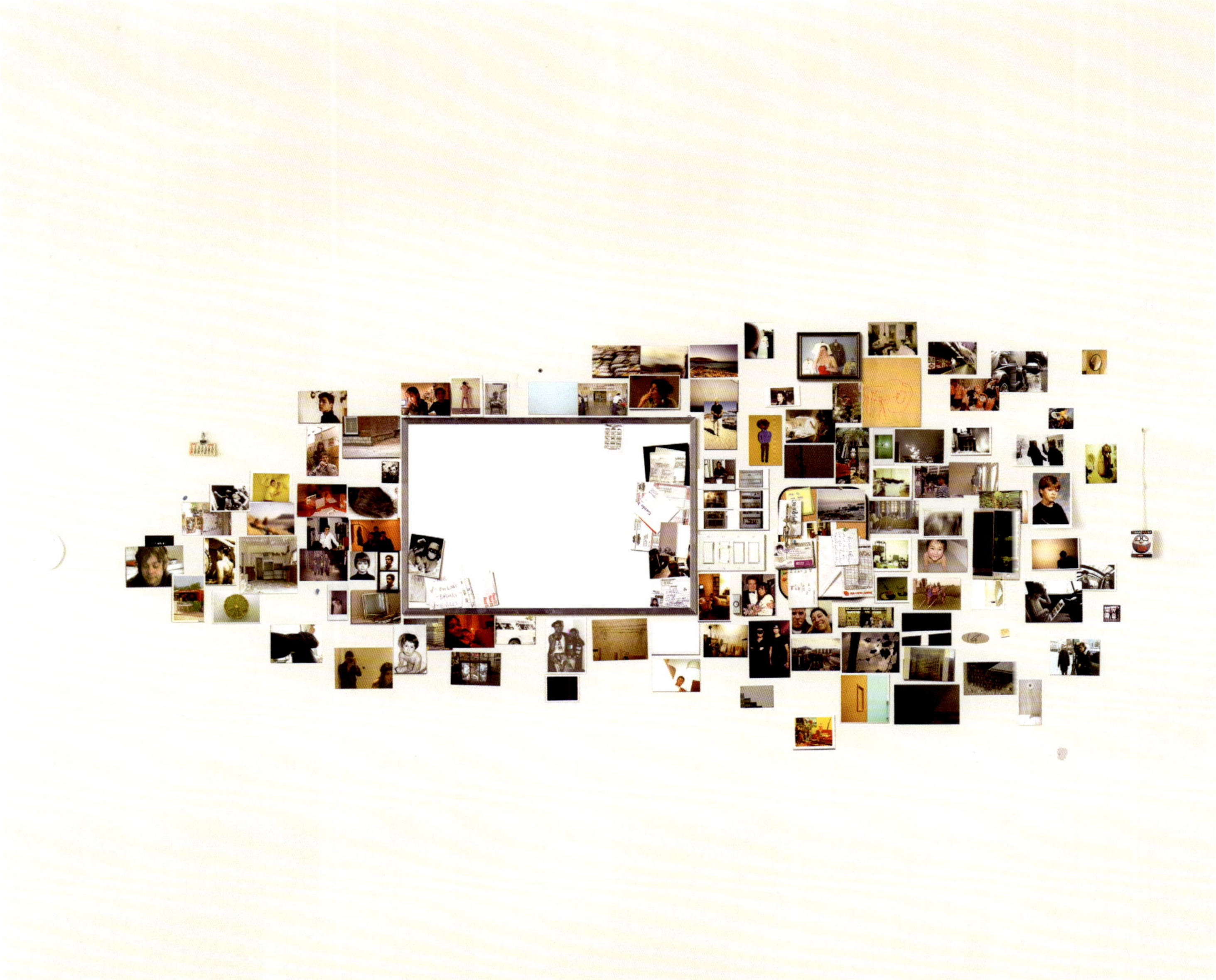

Frise 2003

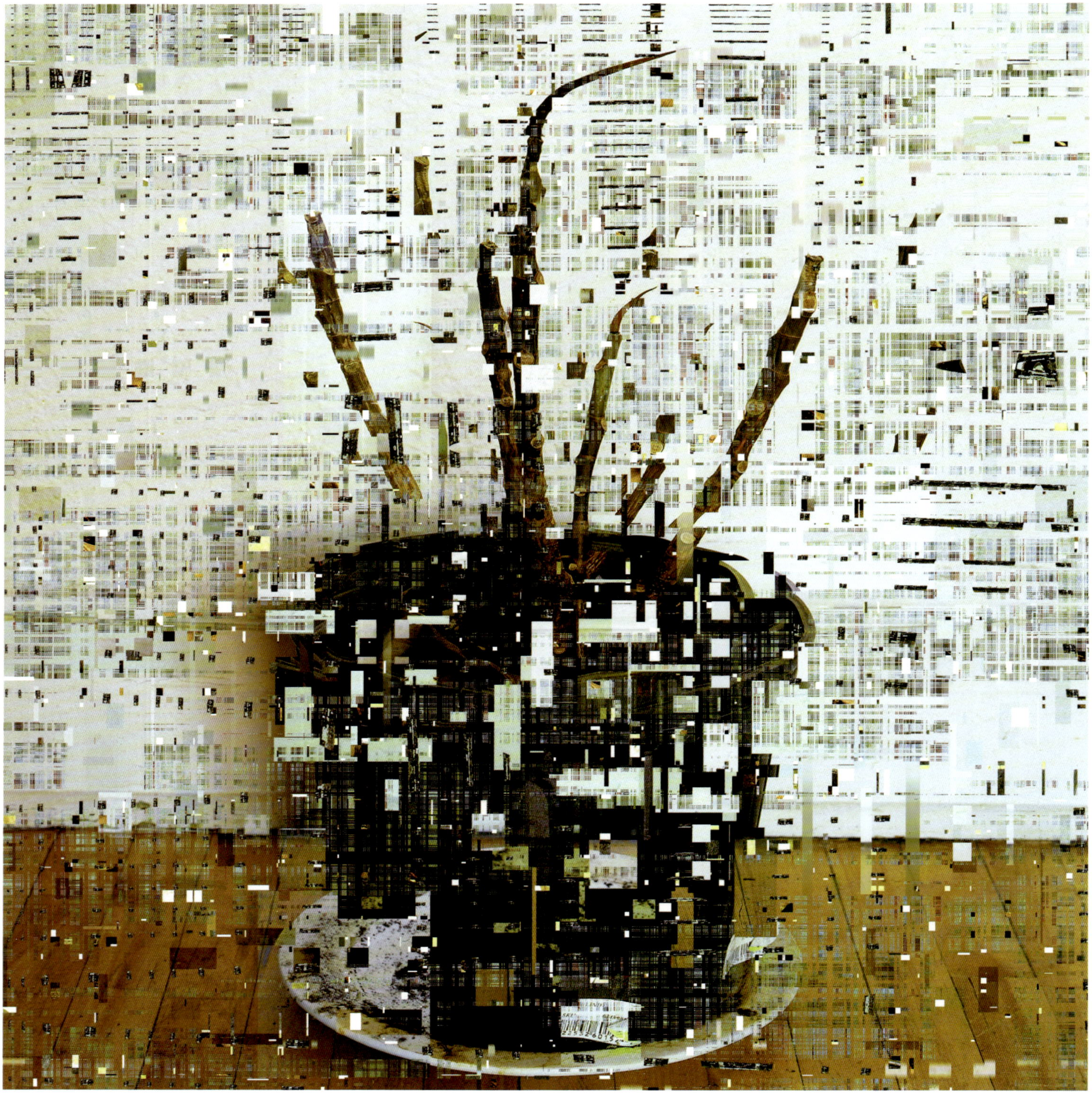

MORTE 2000

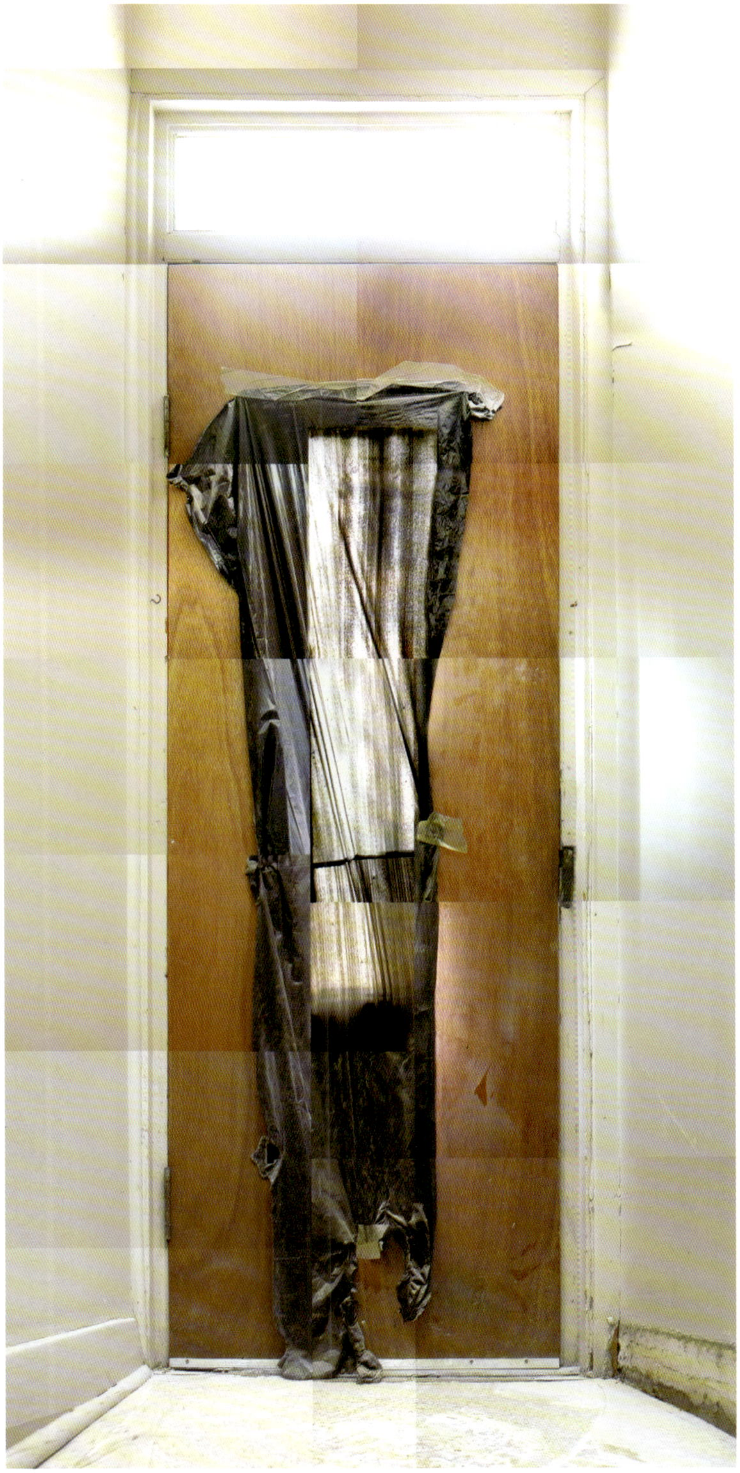

Stèle 2003

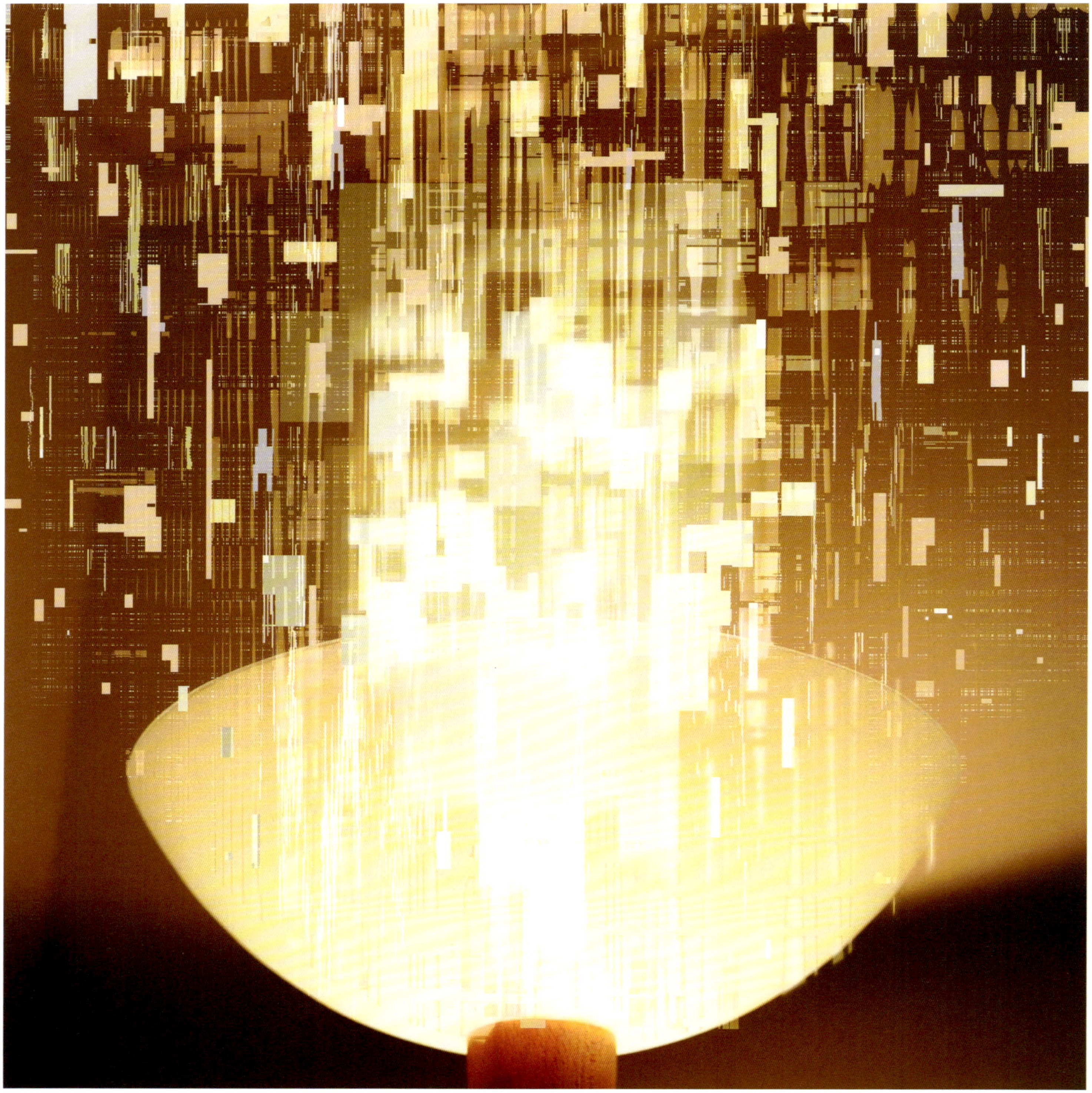

Diaphane 2001

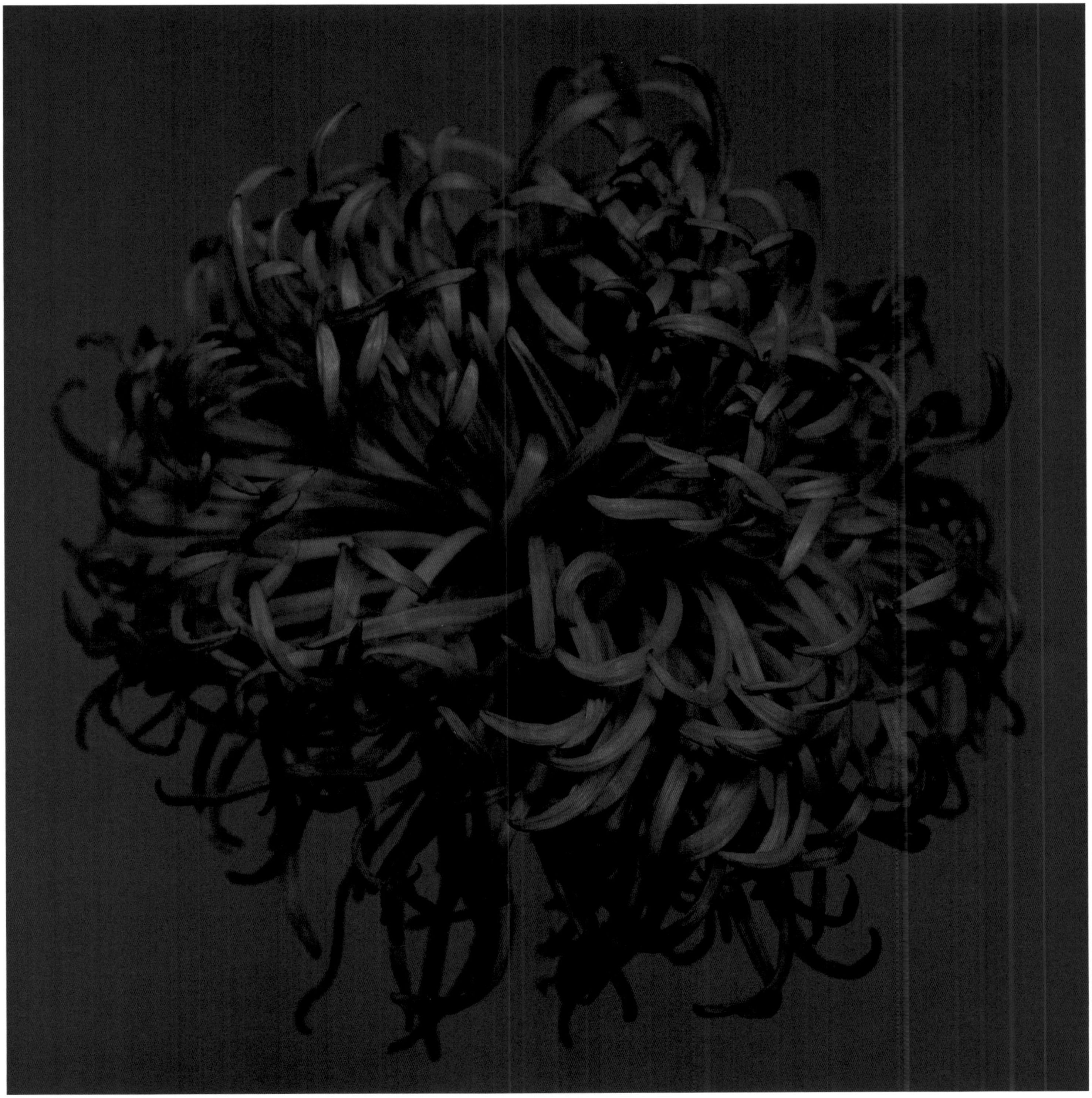

Chrysanthème 2001

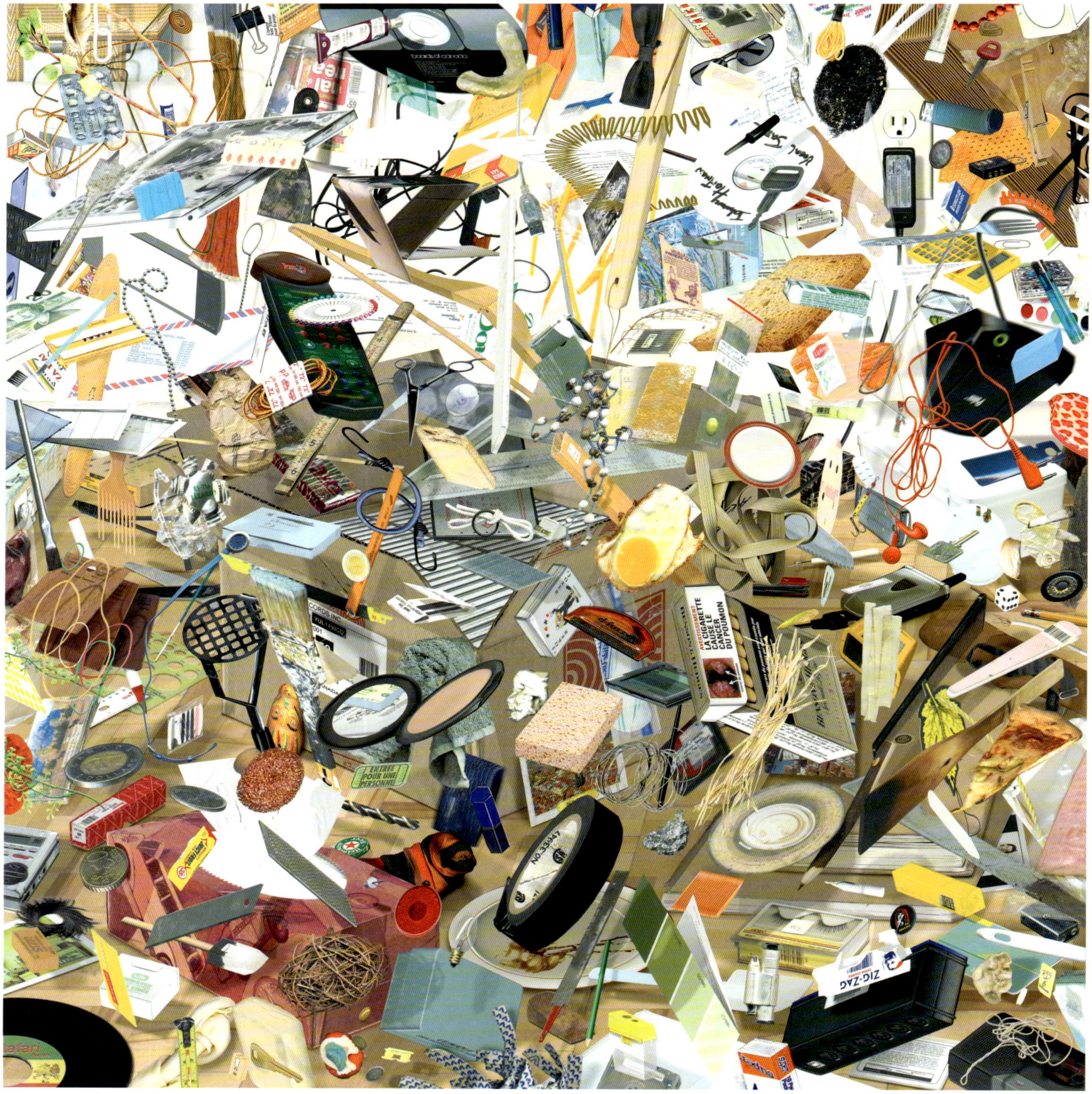

Petits riens 2002

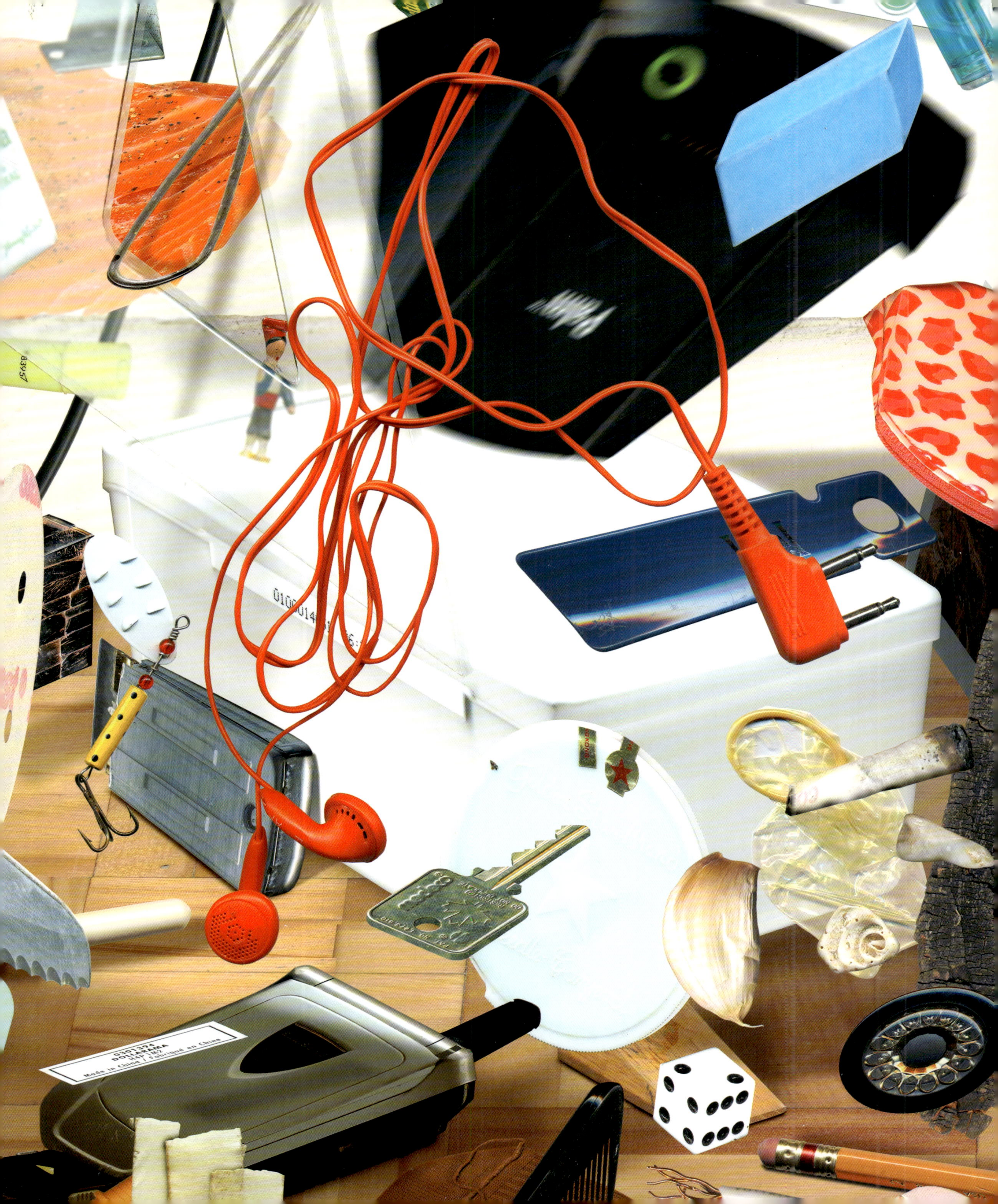
83957
0301394
DOLLARAMA
H4P 1M2
Made in China / Fabriqué en Chine

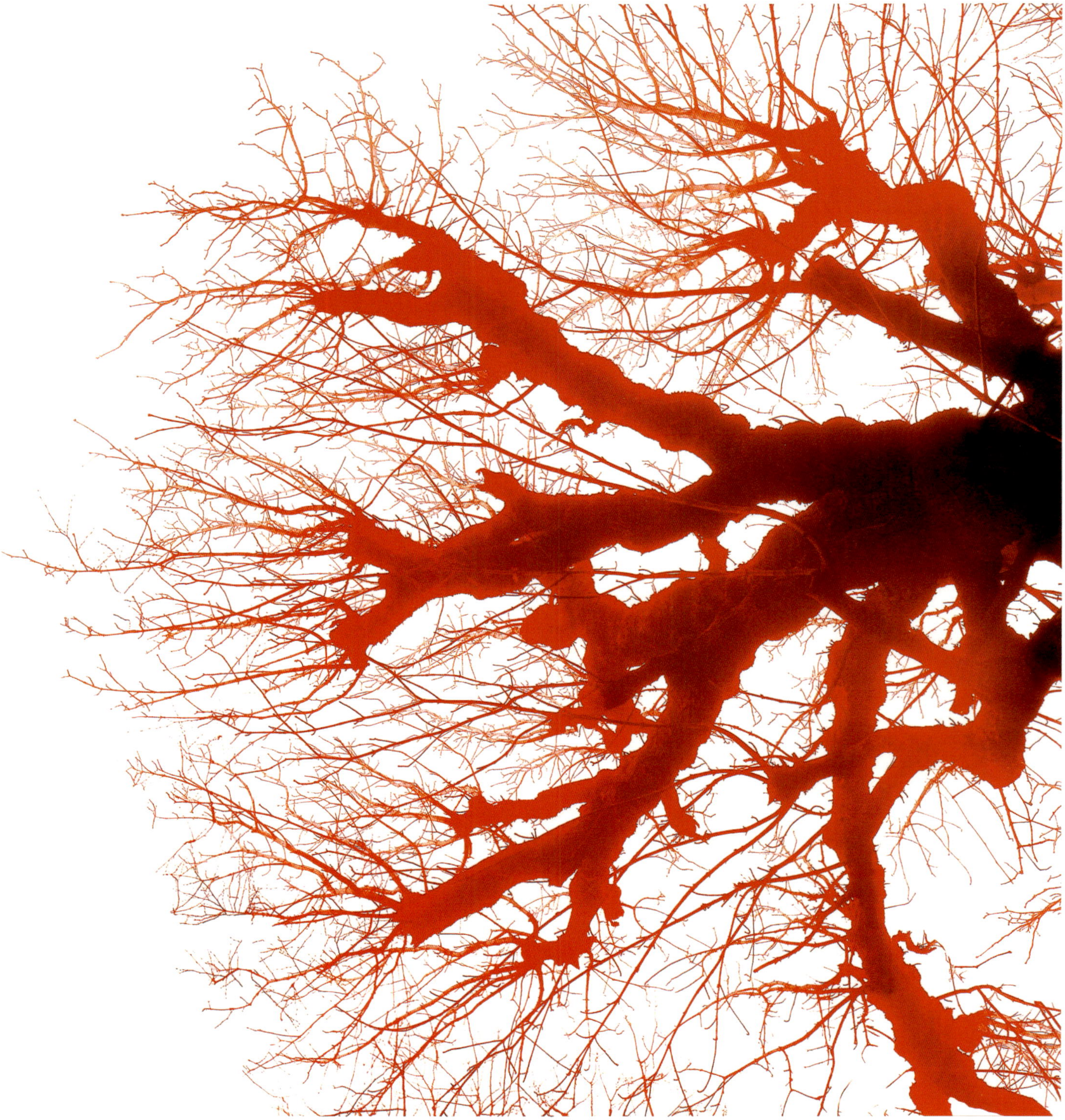

Capillaires 2002

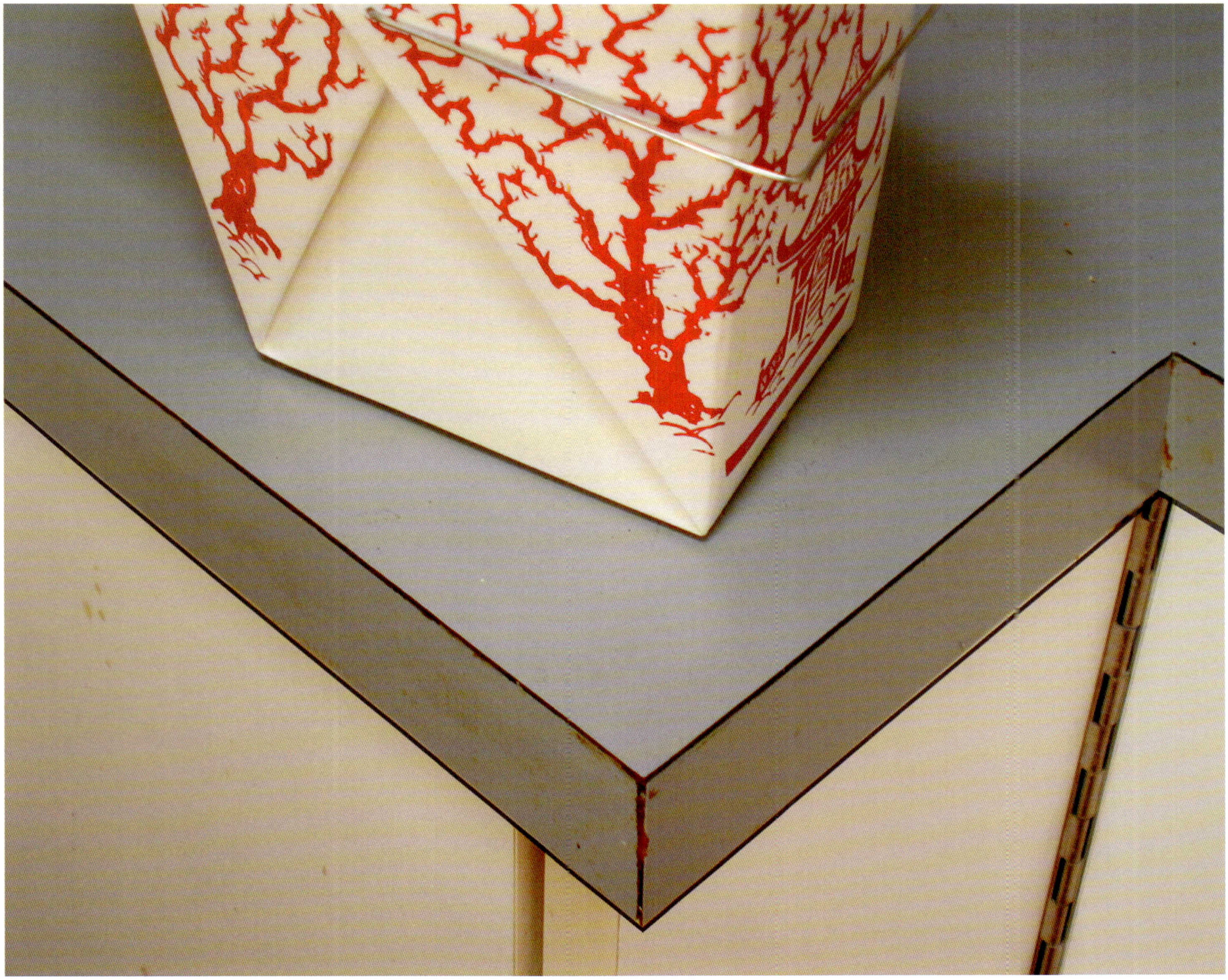

CHINOIS 2001

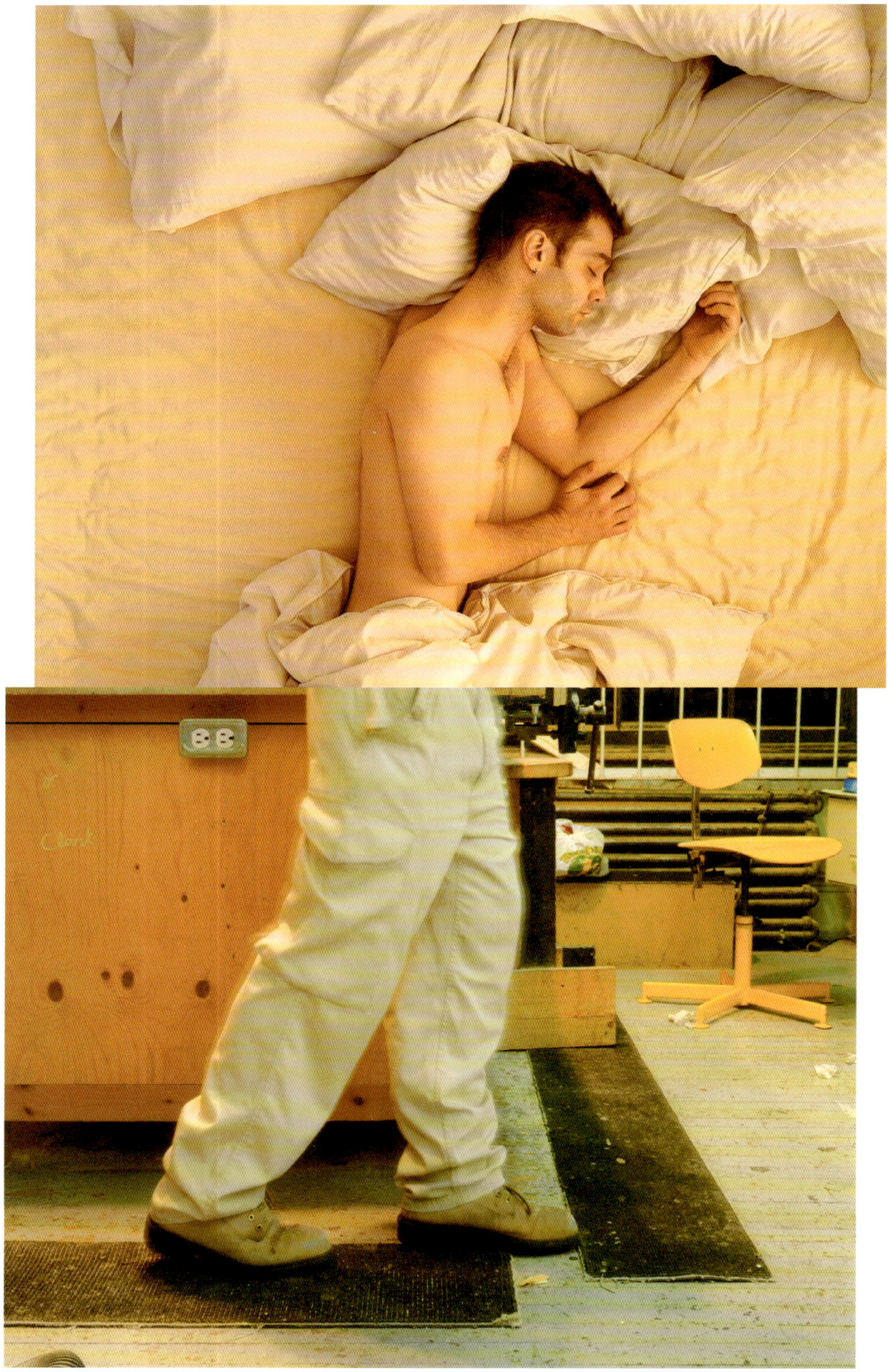

Oli 2001

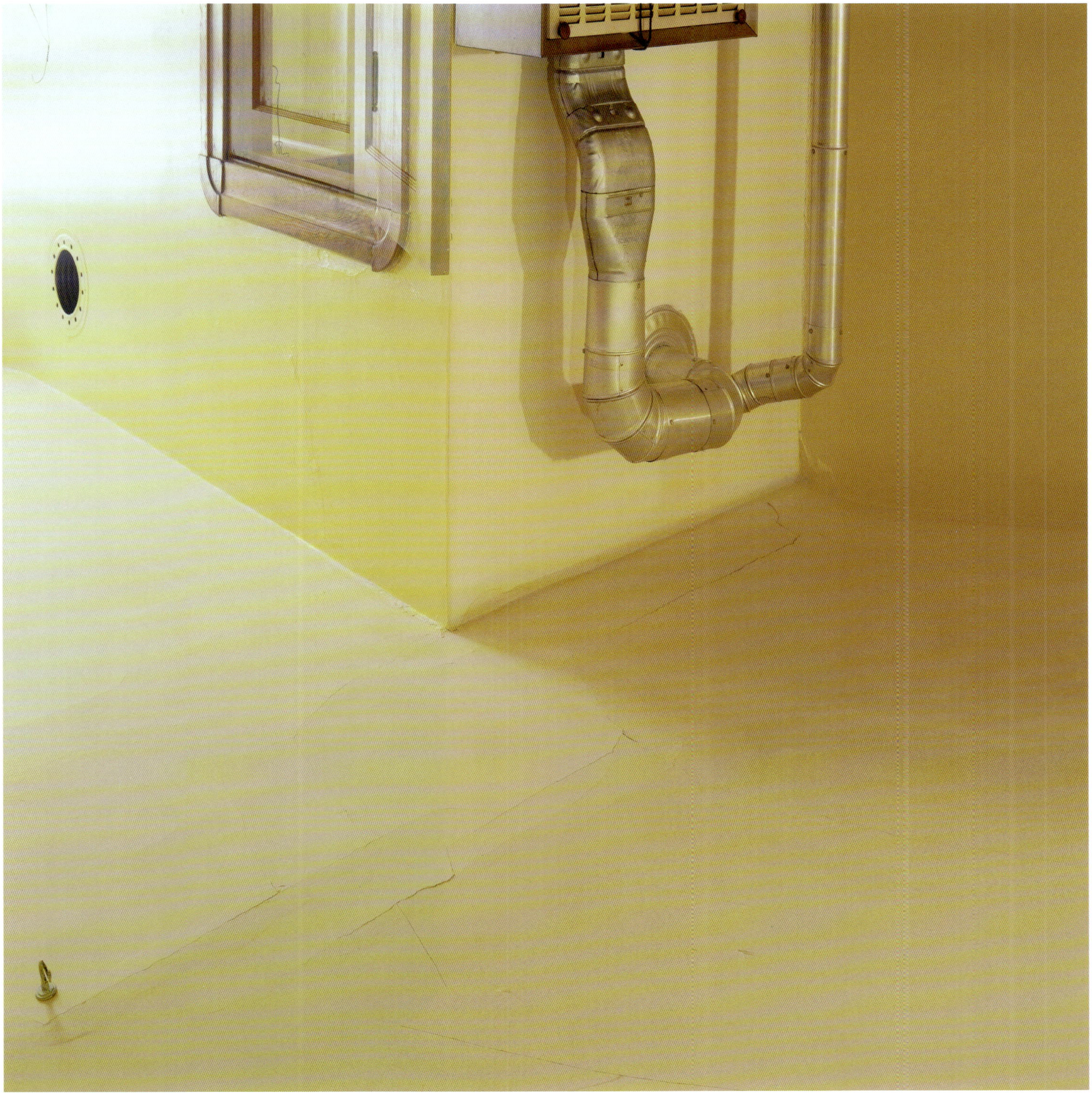

Ocre 2001

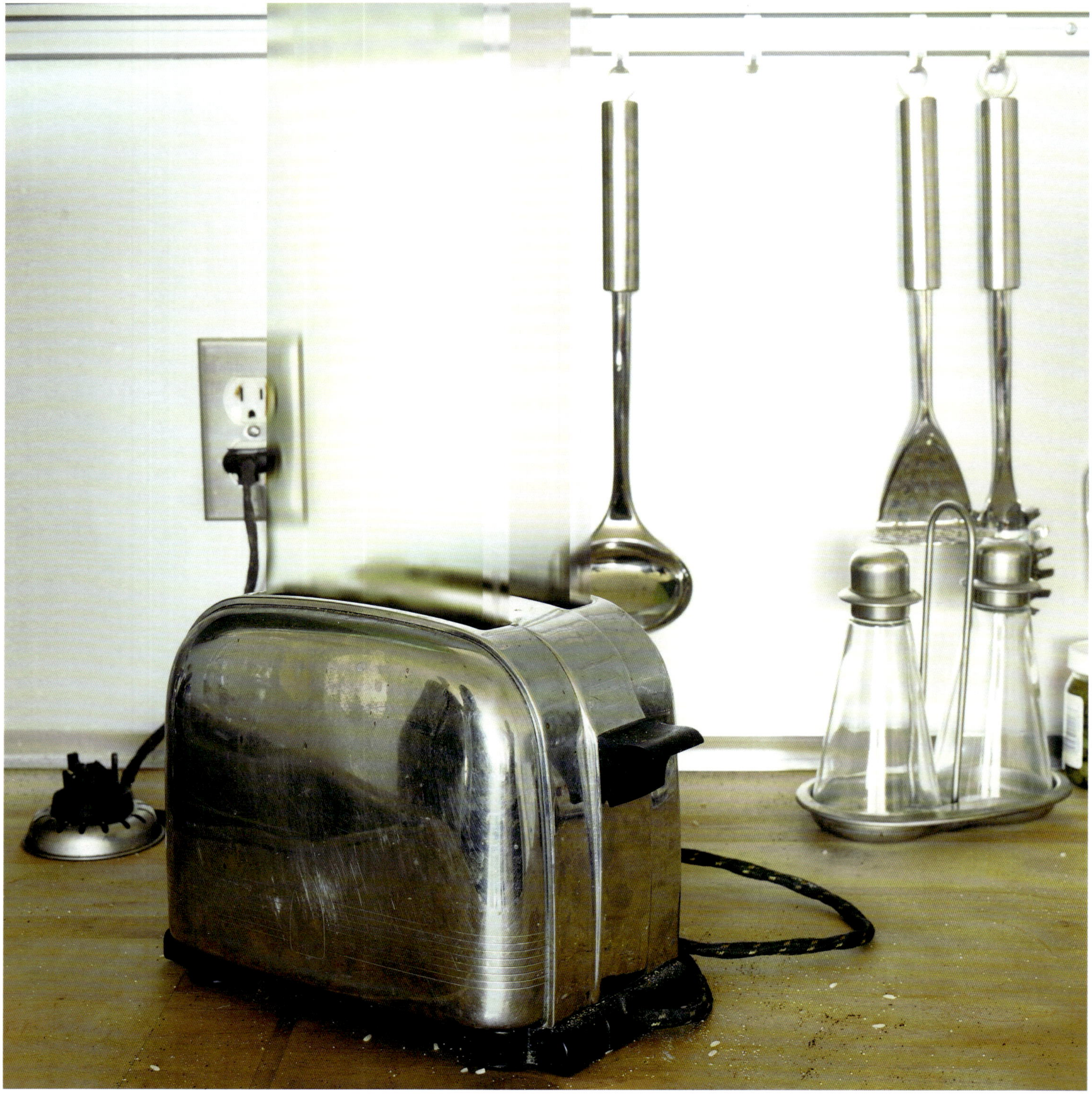

Grille-pain 2001

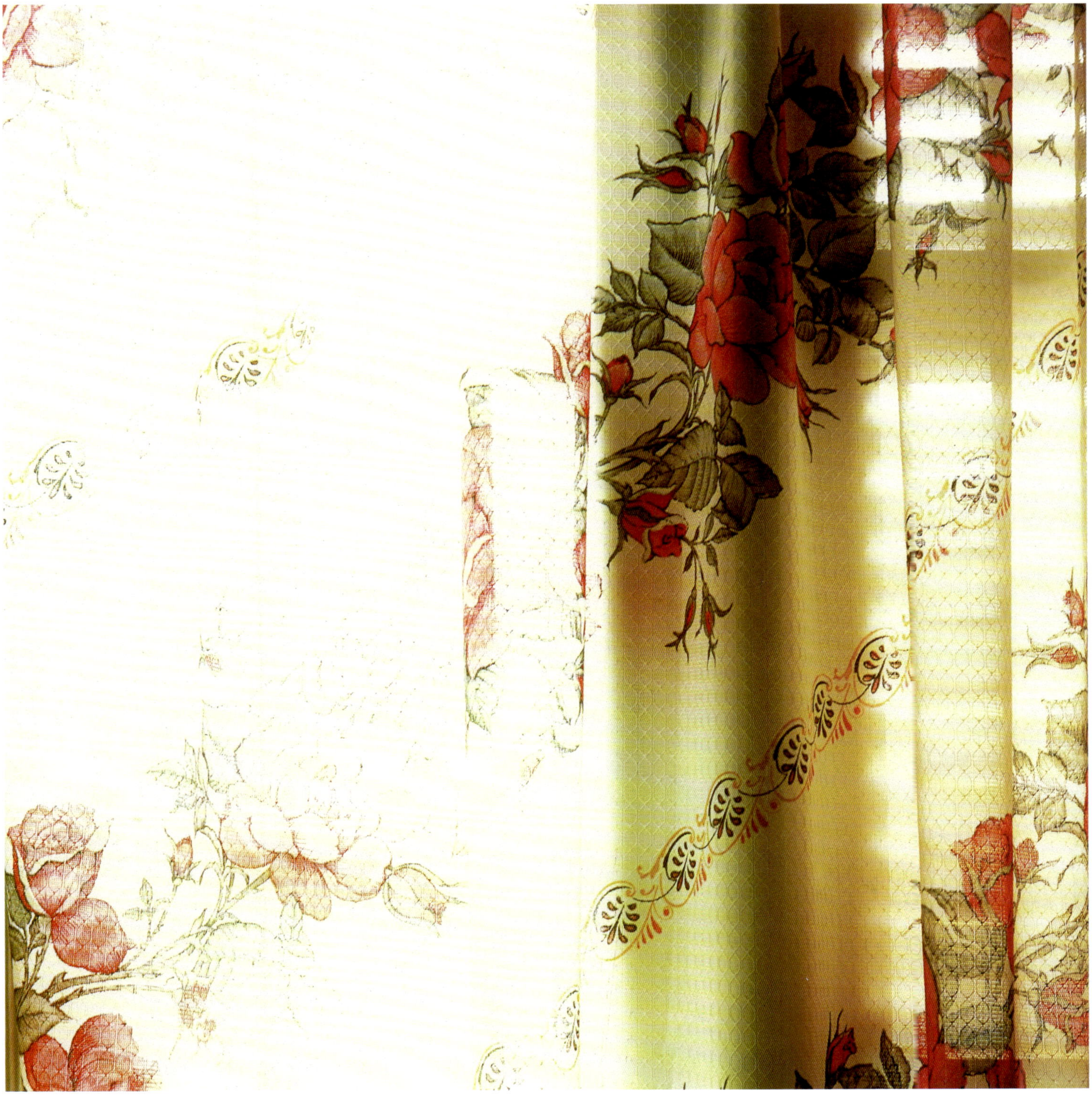

Fleurs de r deaux 2001

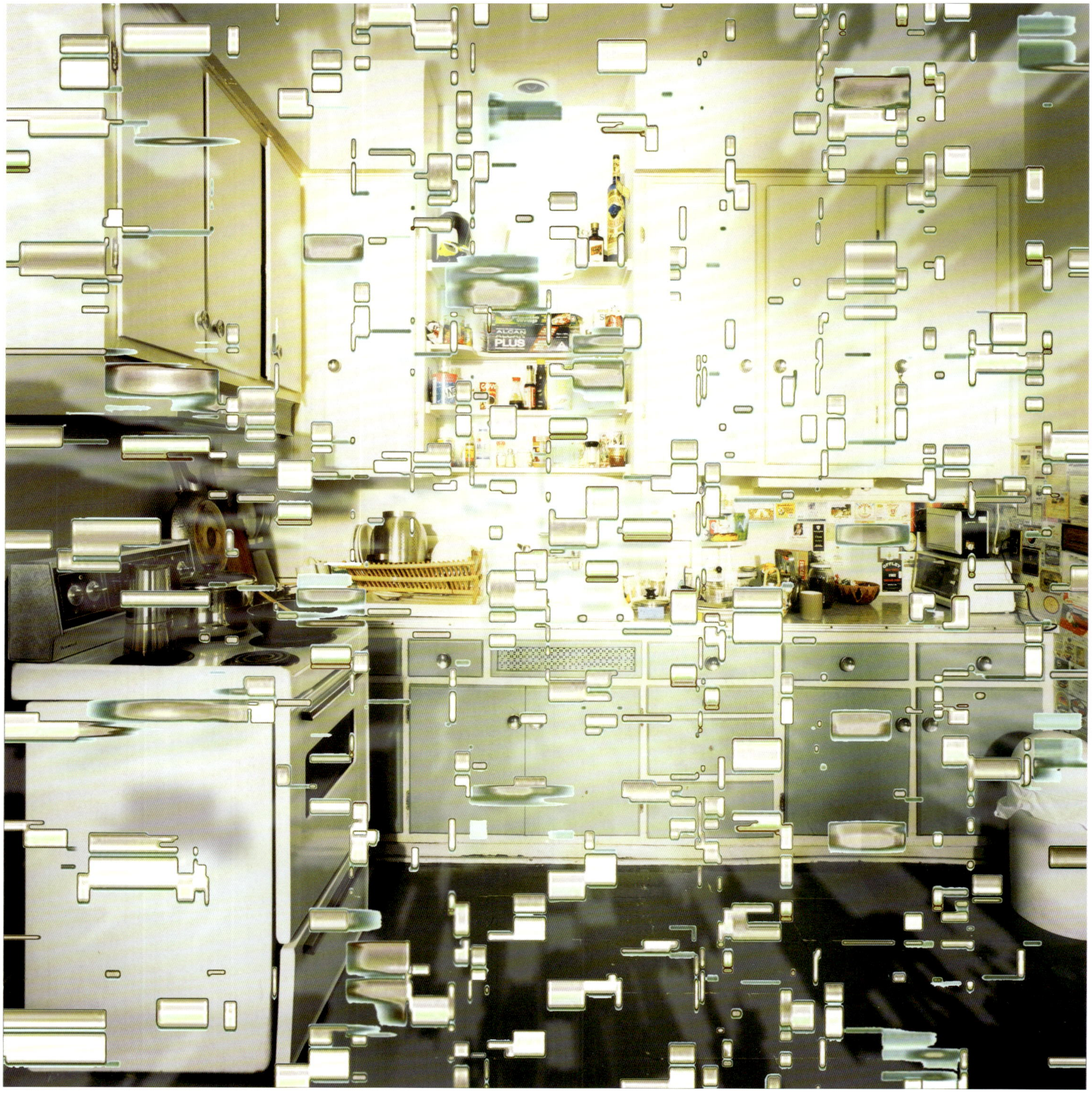

Nourriture/Vaisselle 2001

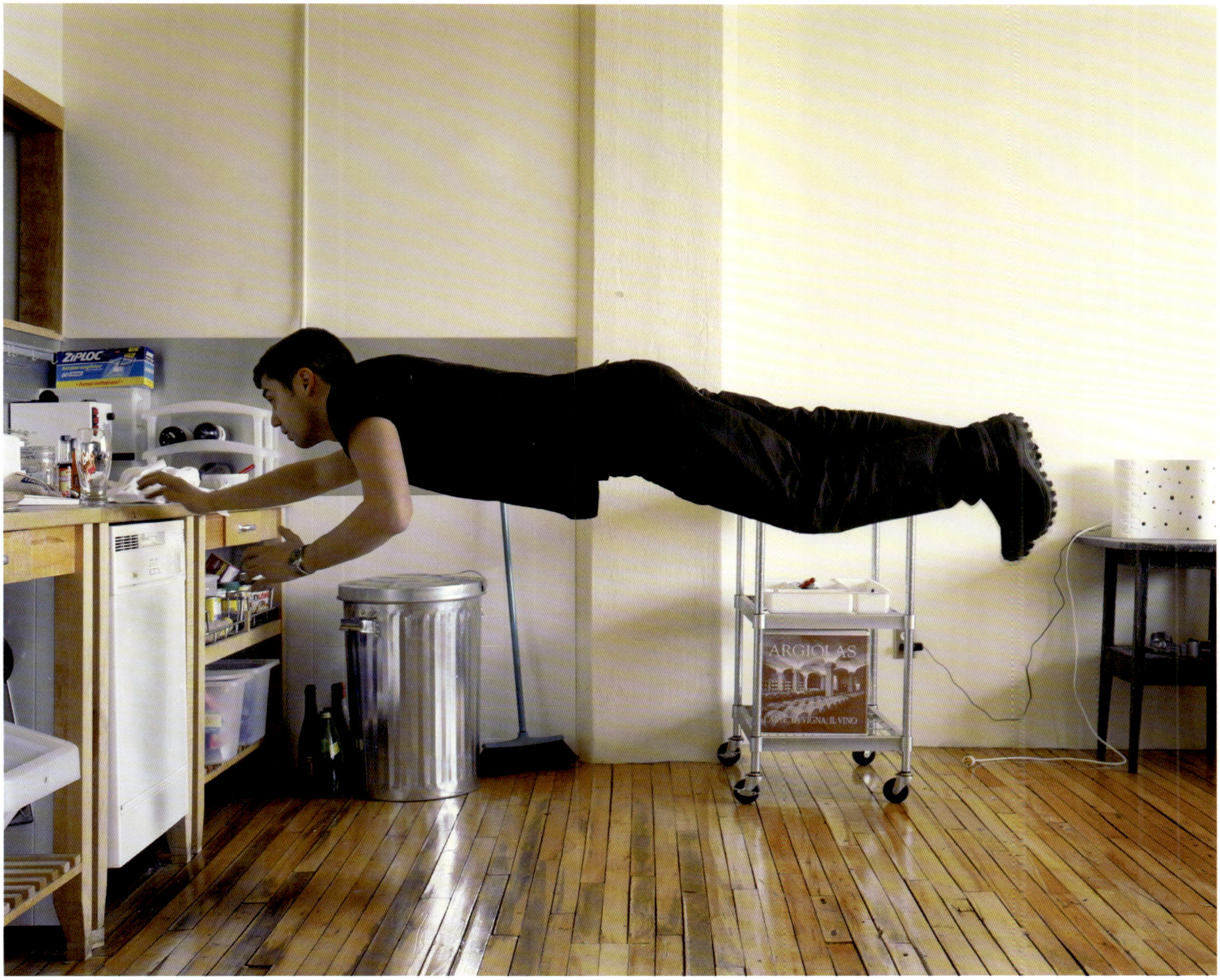

61

LÉVITATION 2001

Garage 2003

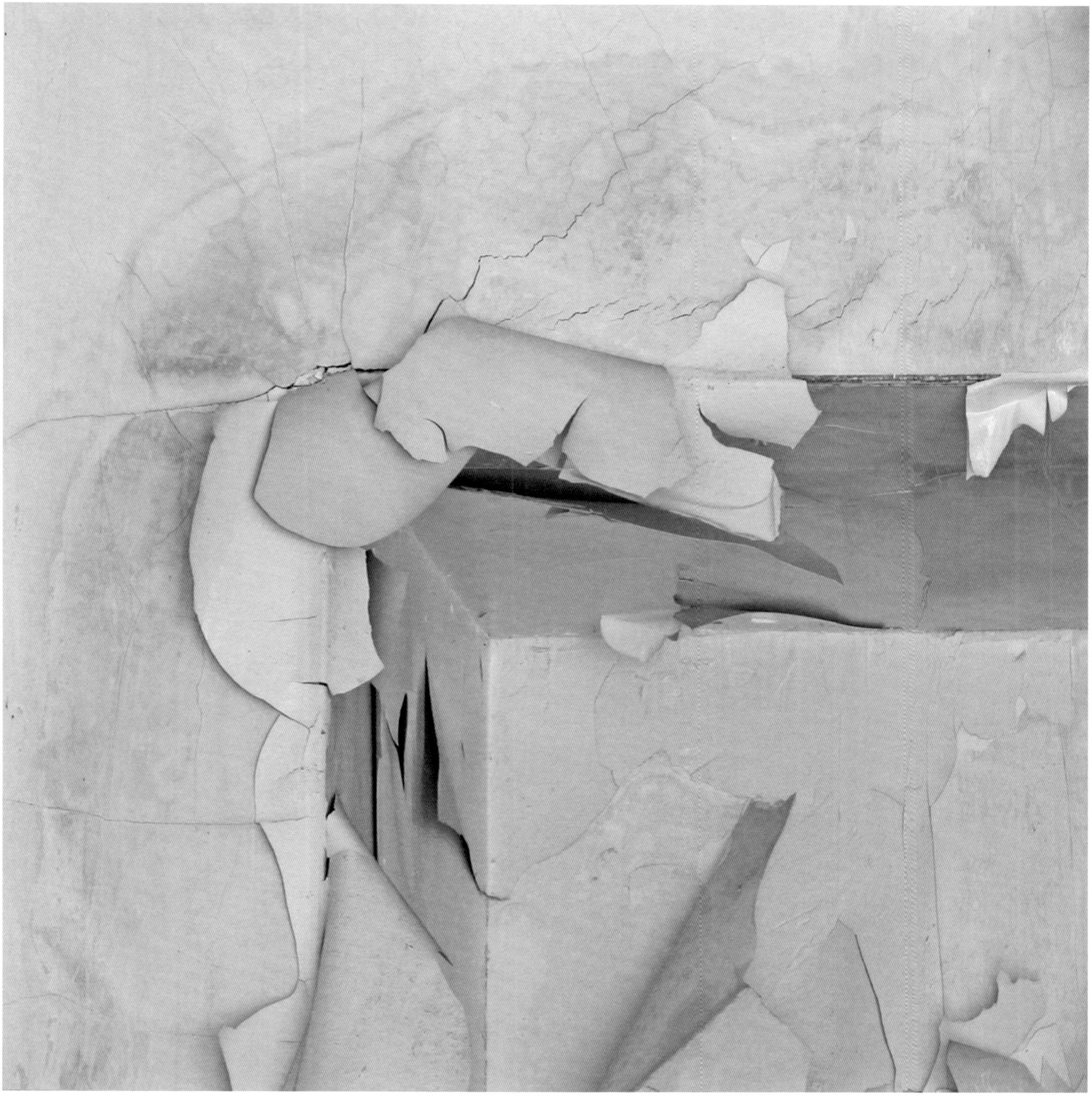

SQLAMES 2003

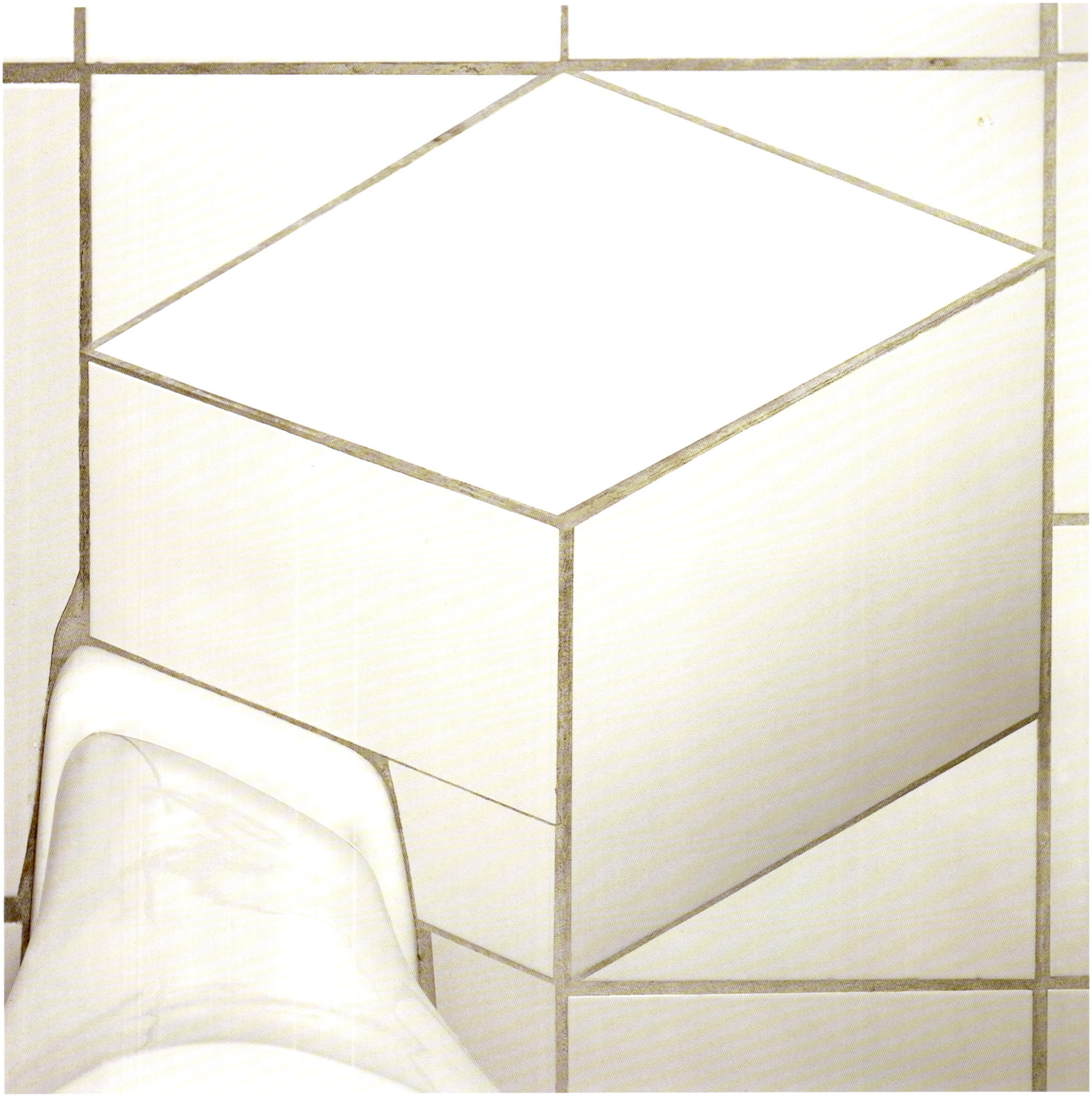

Labo 2002

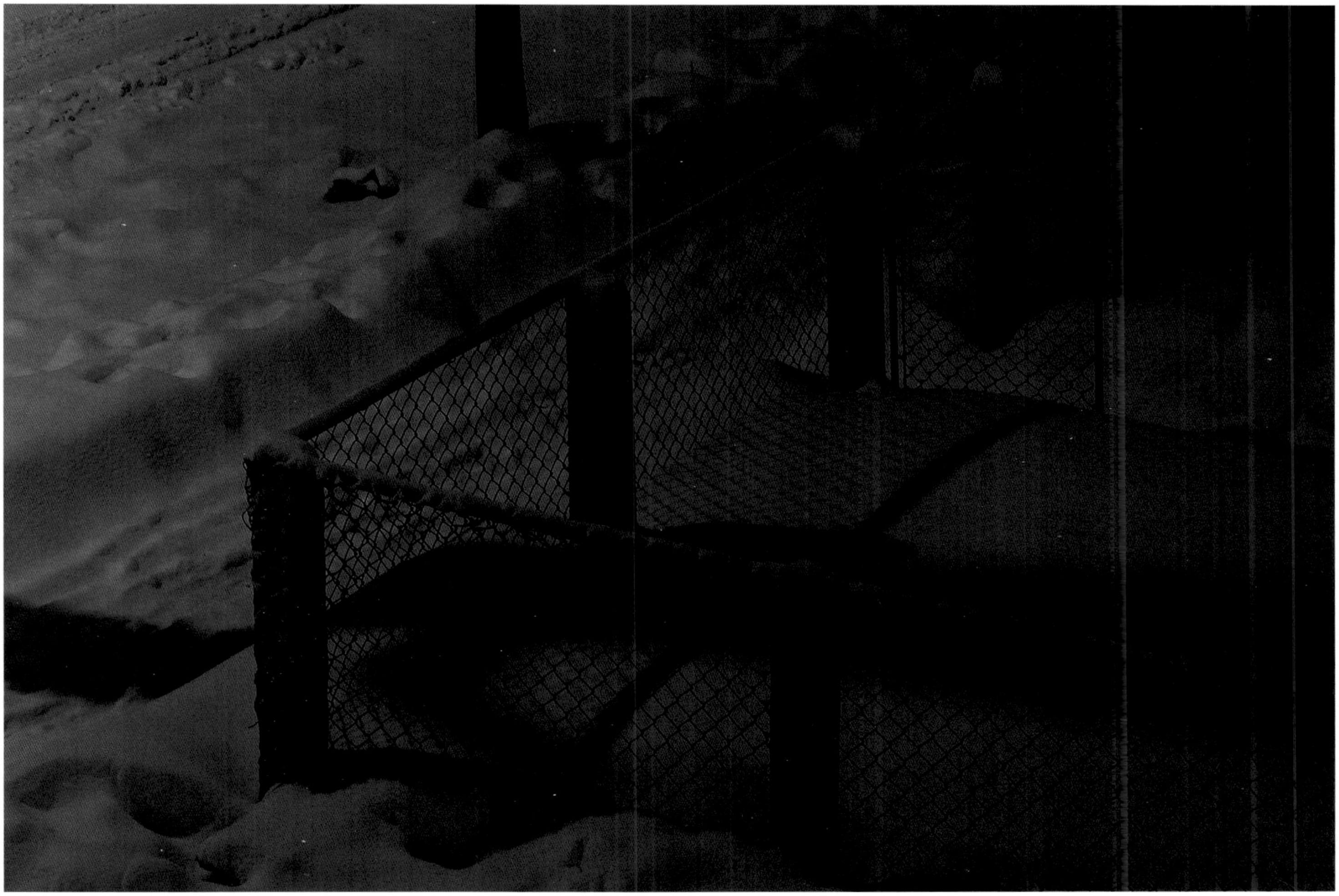

MOFDORÉ 2004

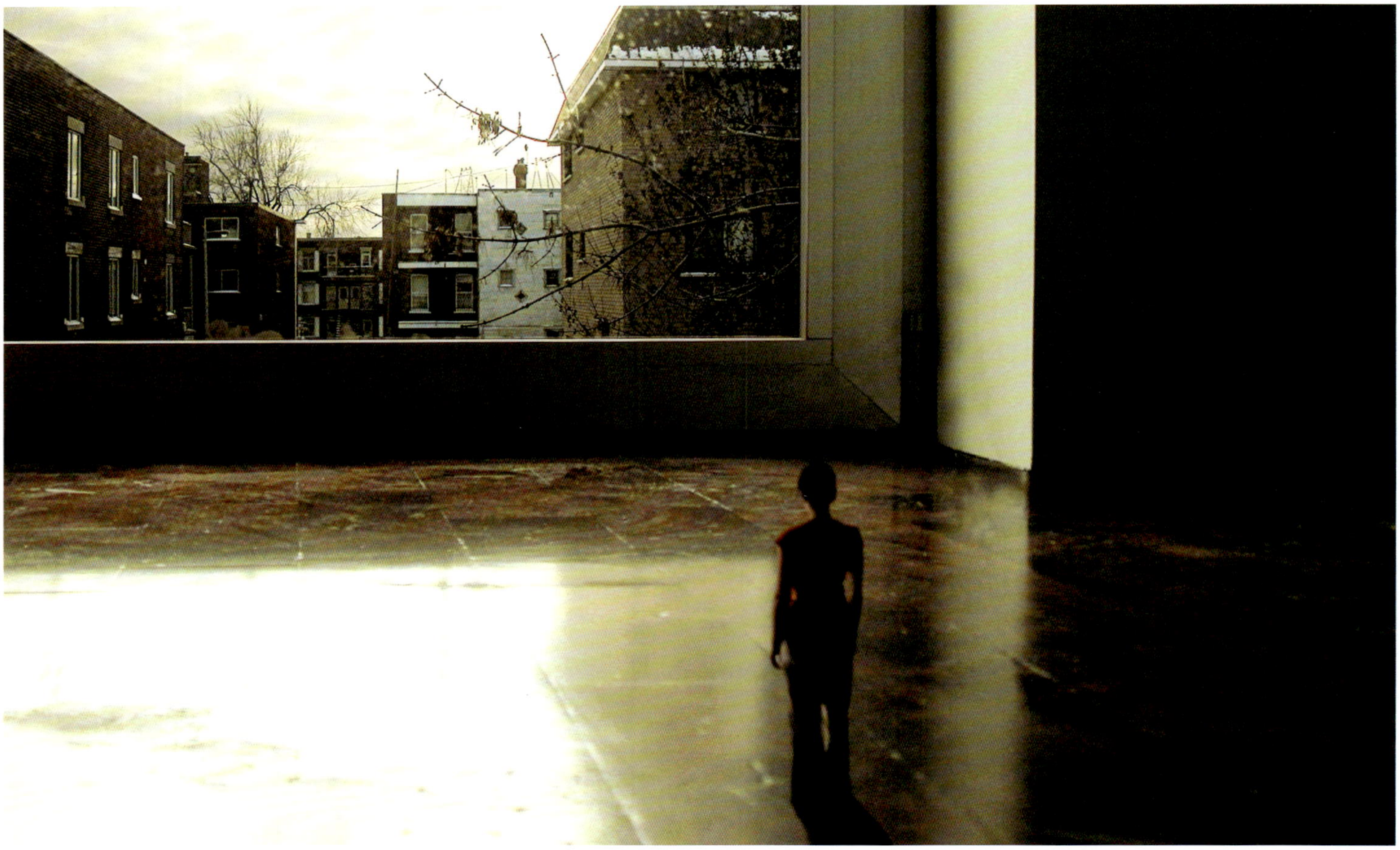

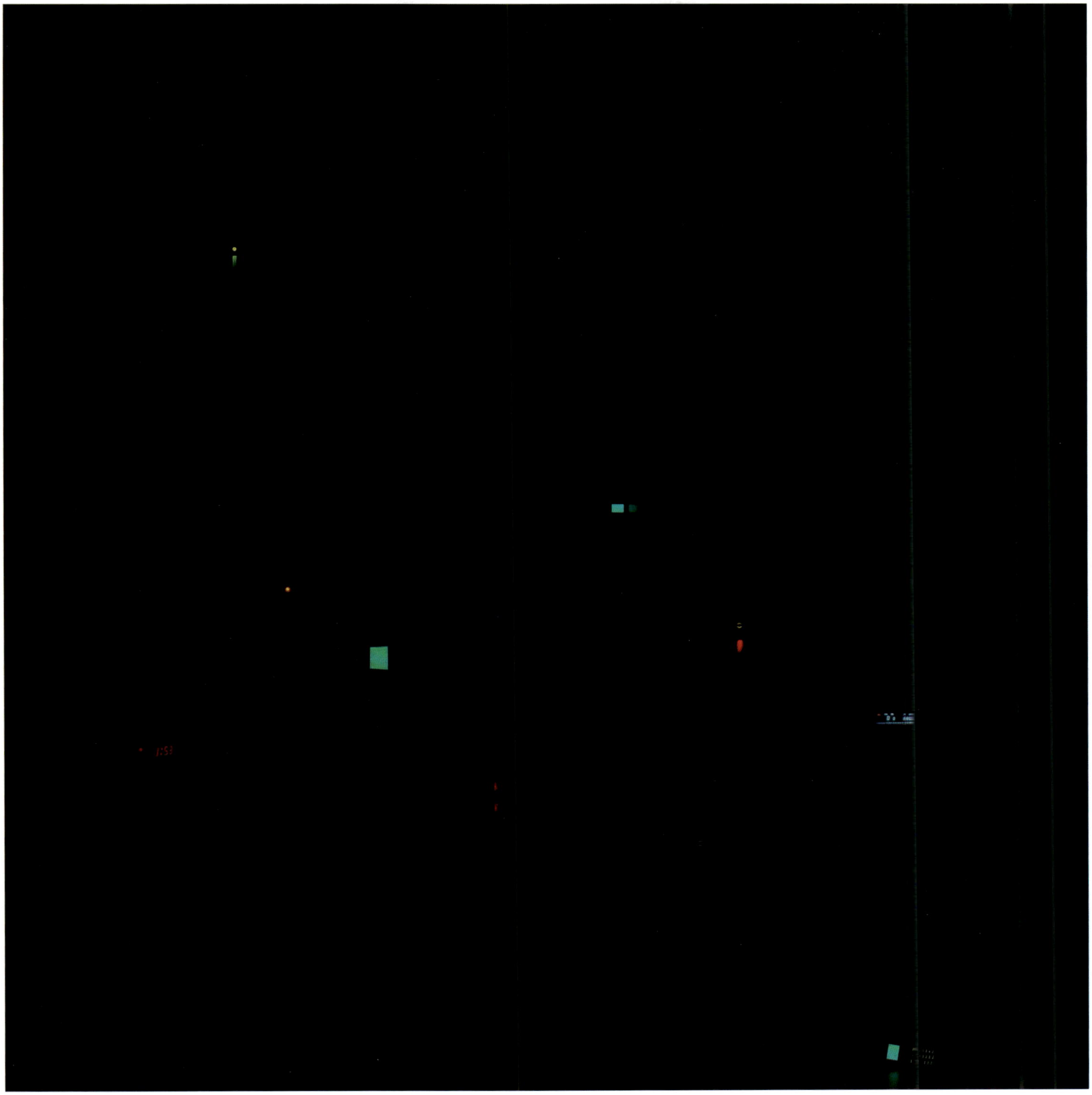

Noir/Nuit 2001

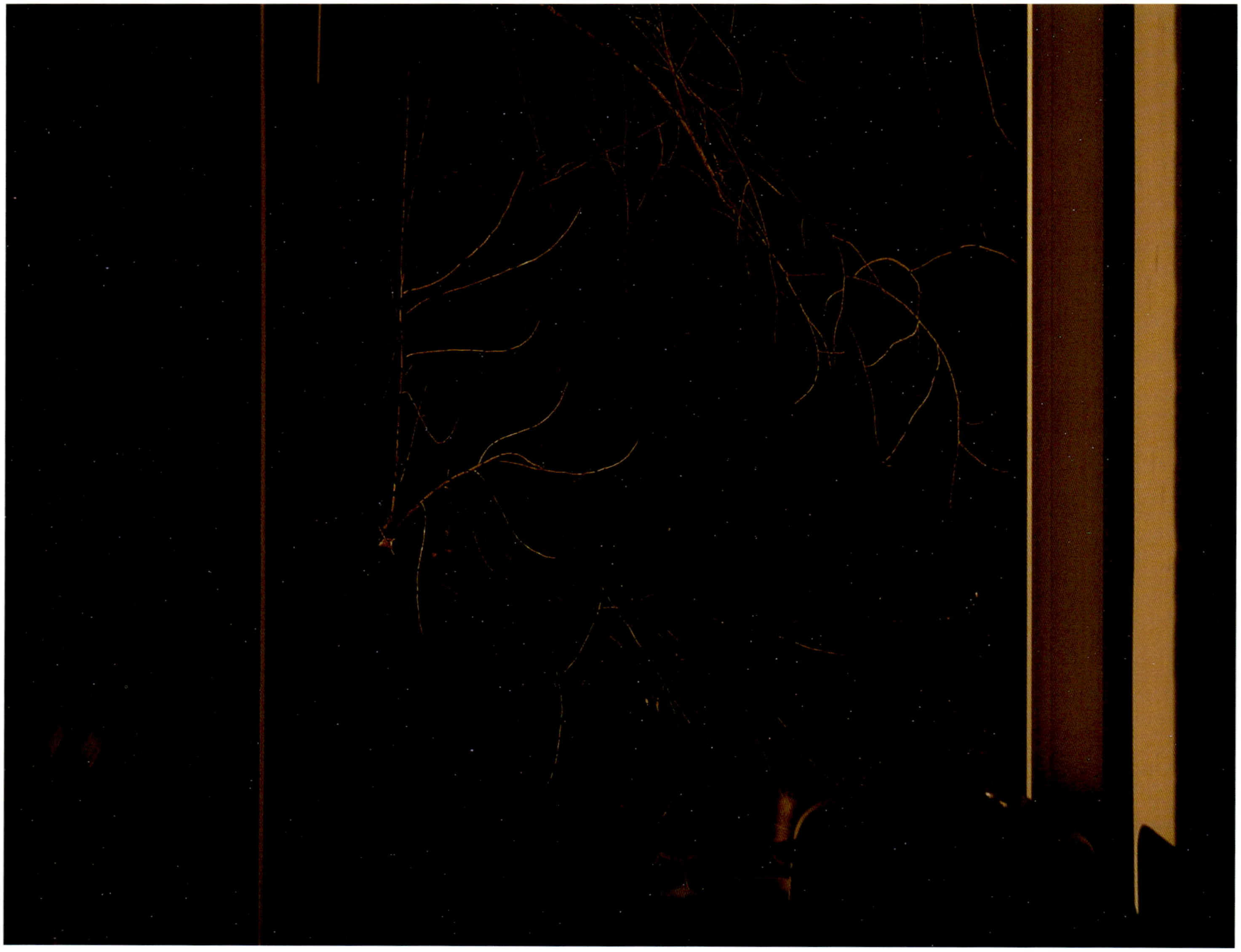

Harpie 2005

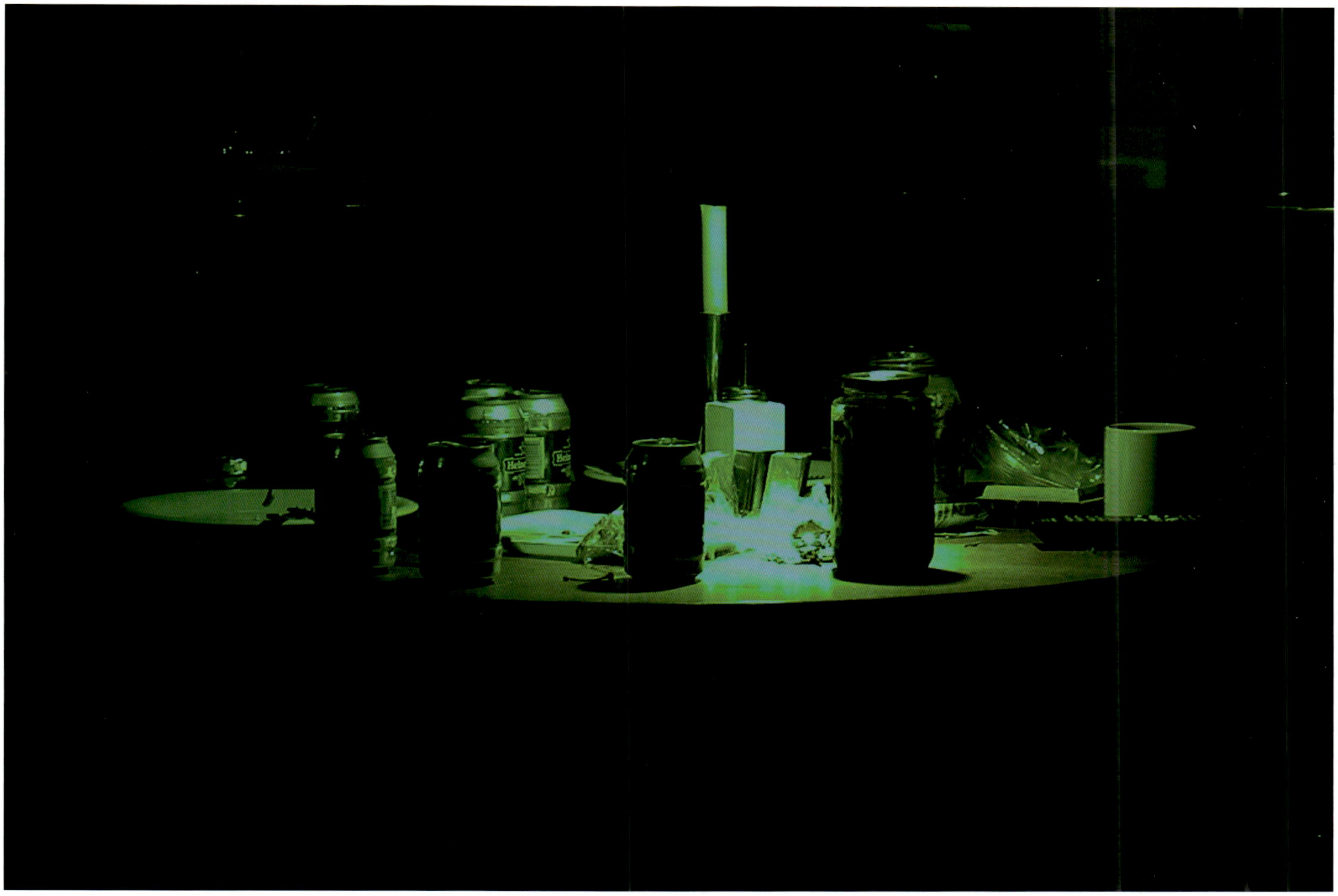

ABSINTHE 2003

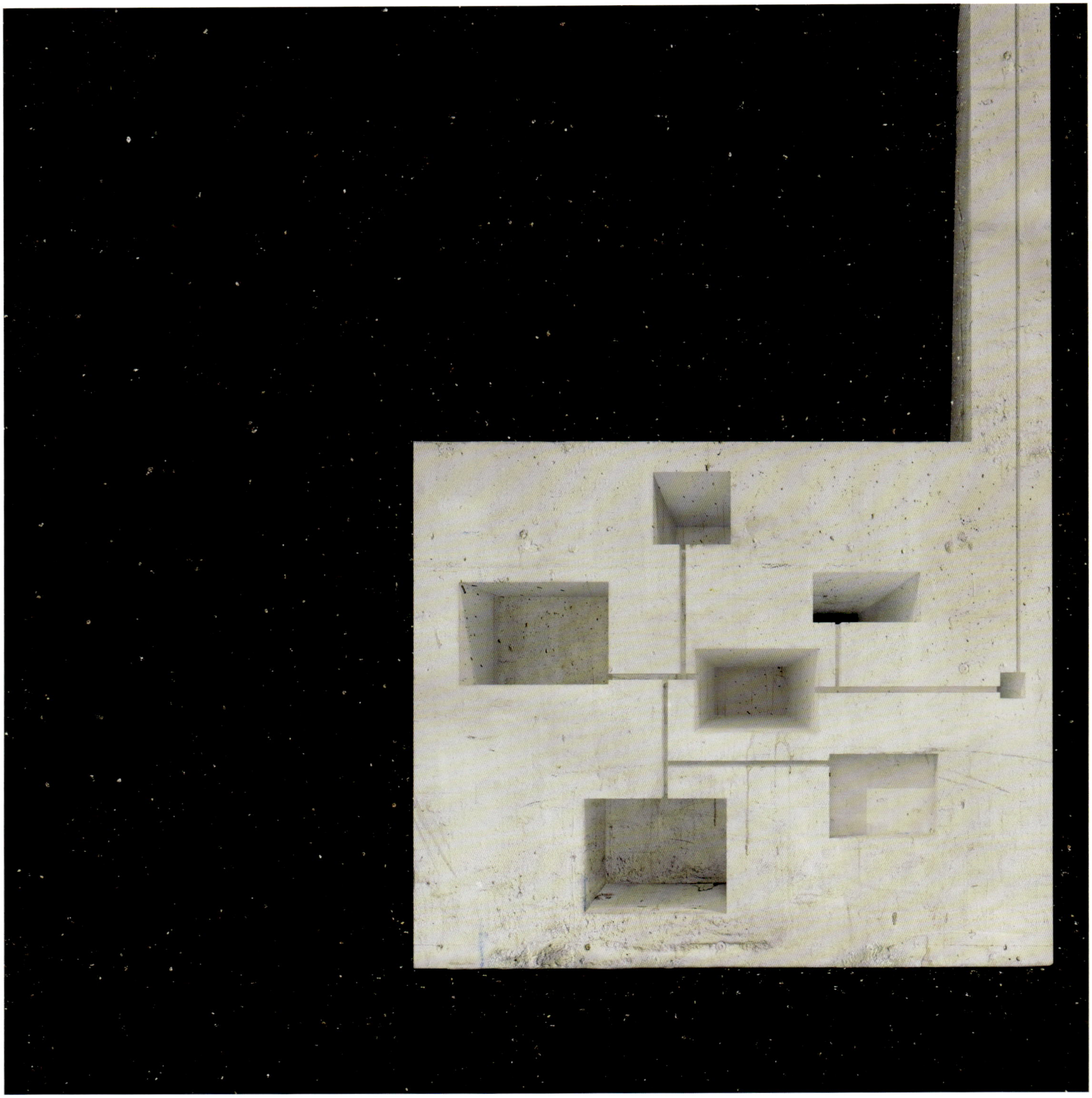

Étoile 2005

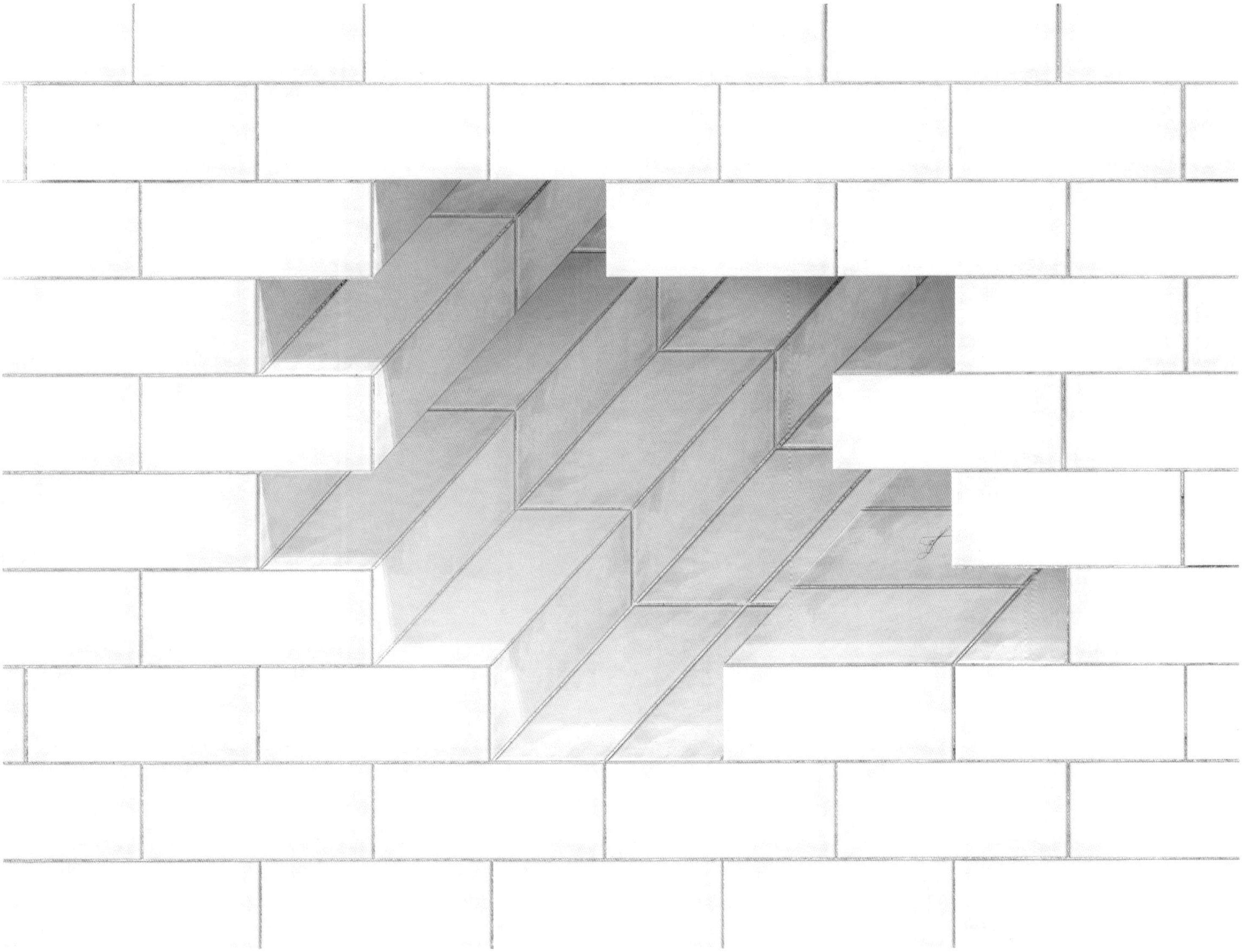

Tablettes à maladies 2005

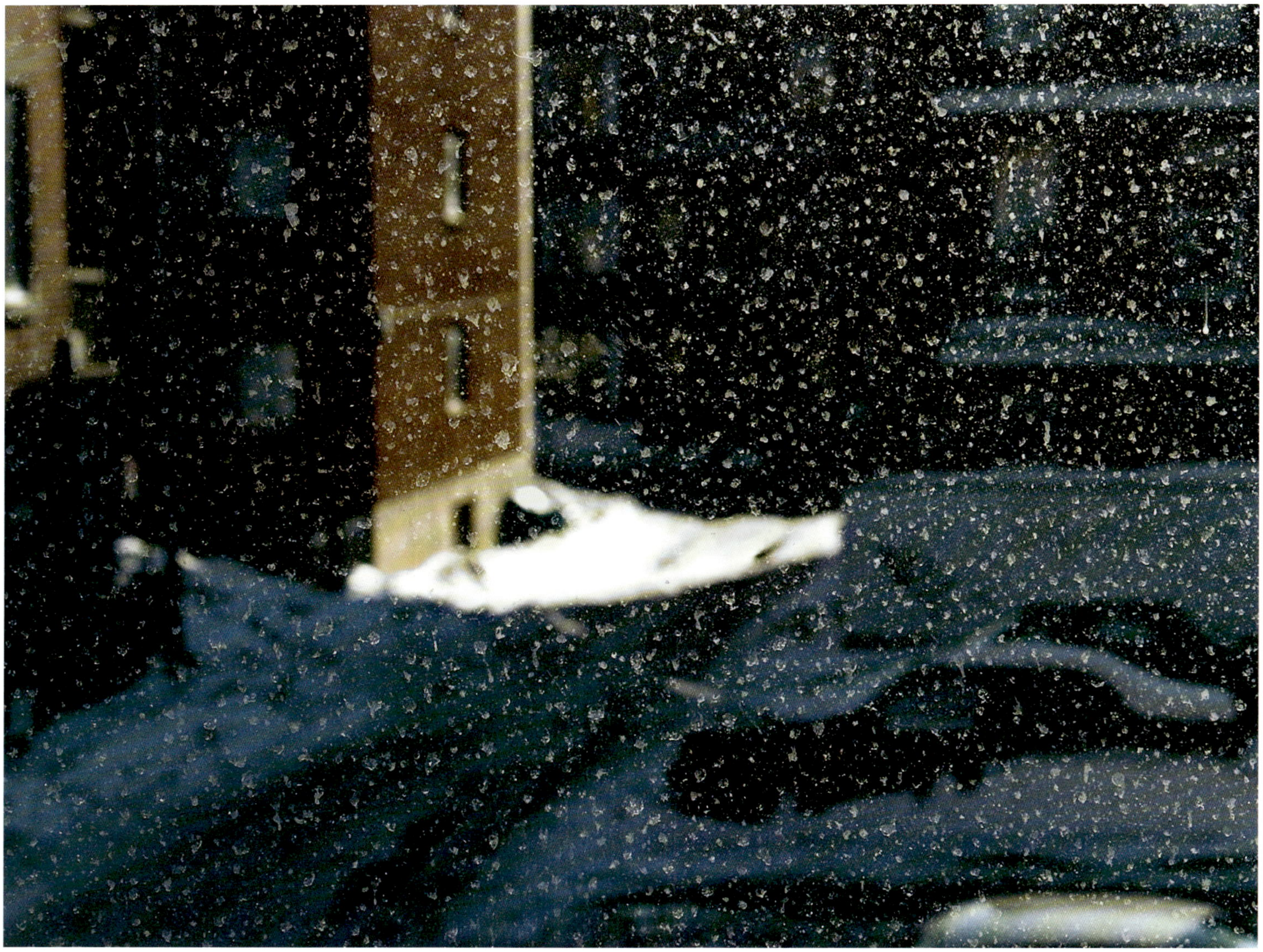

Un après-midi sur De Gaspé 2004

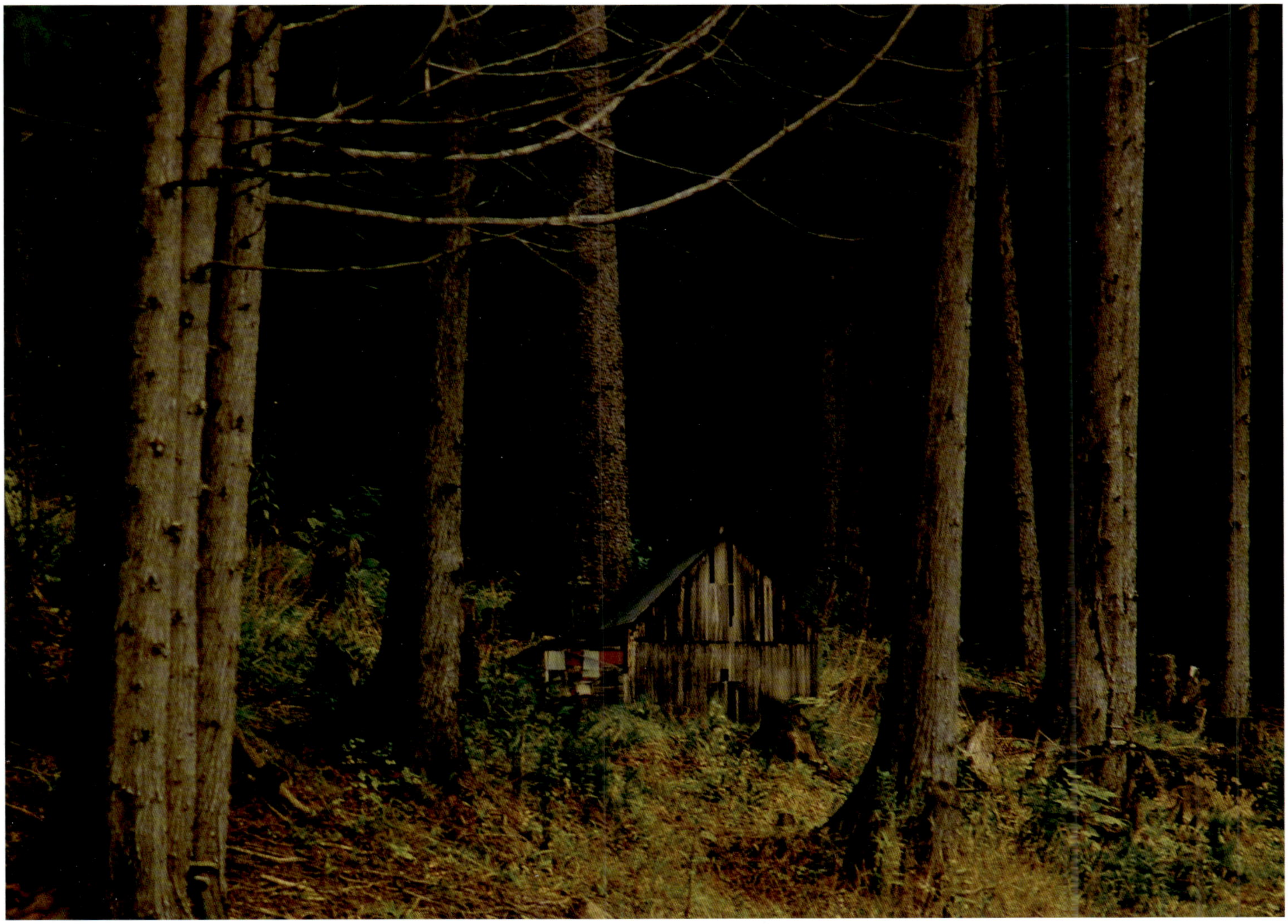

Vases commun cants 2005

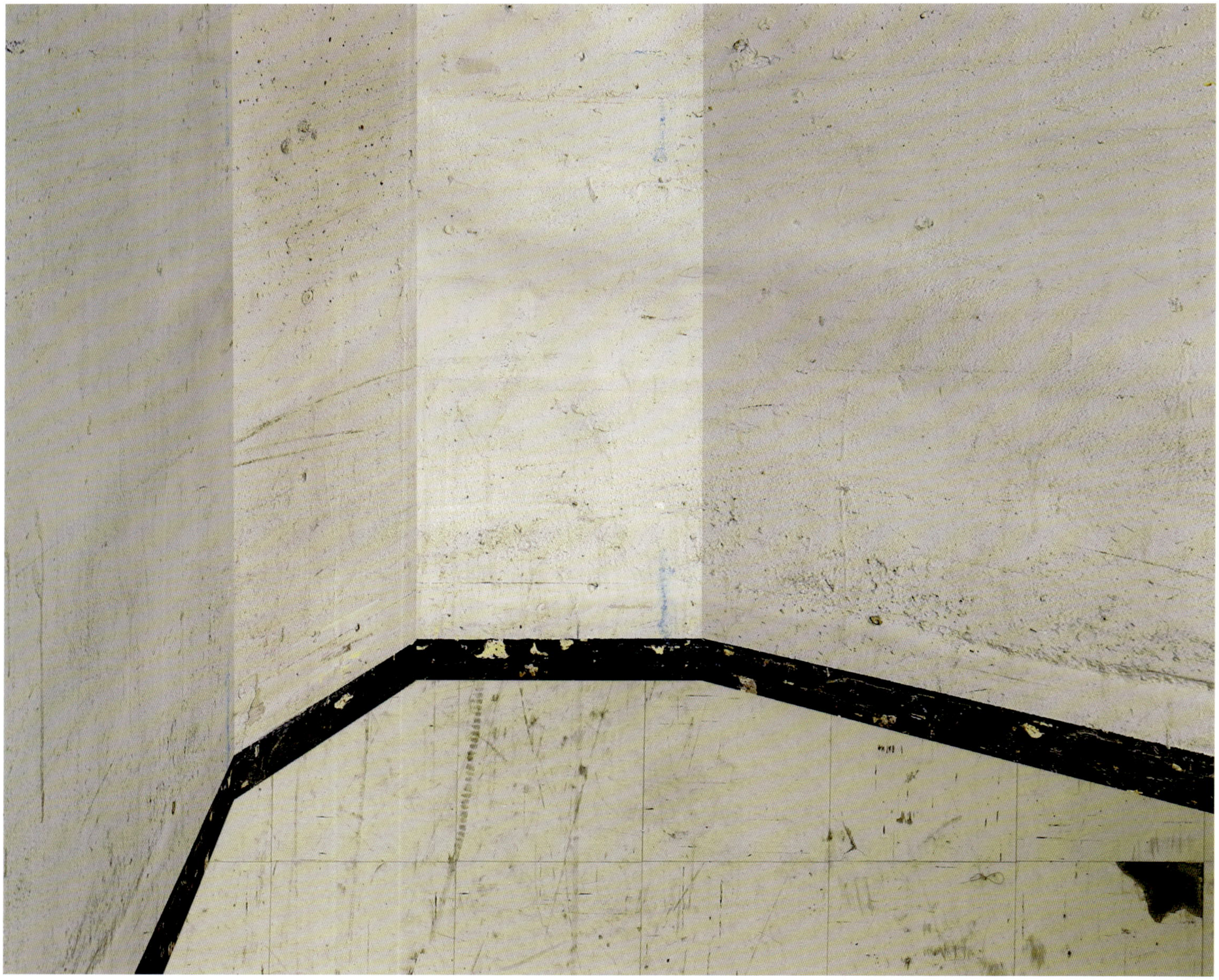

Miroir 2005

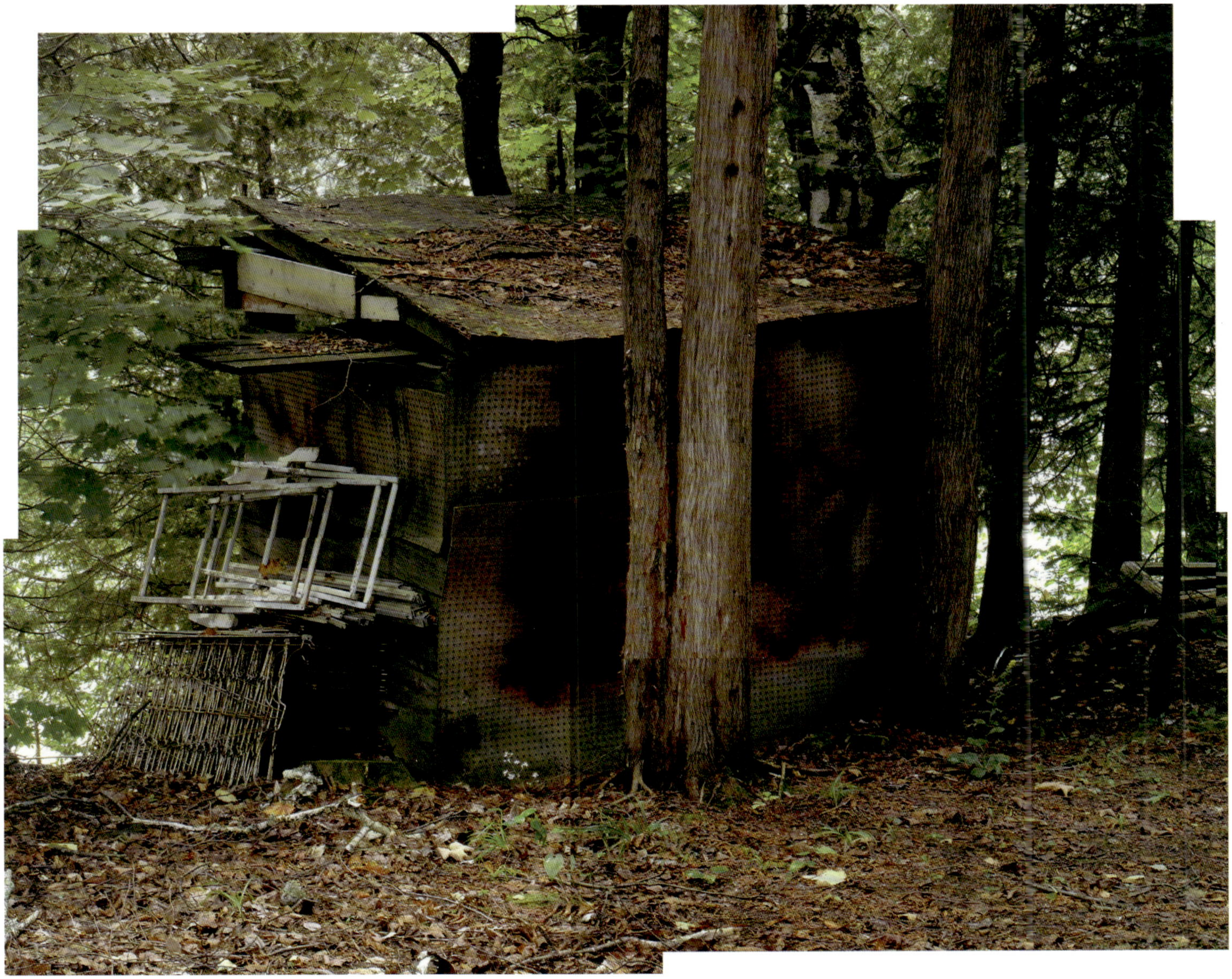

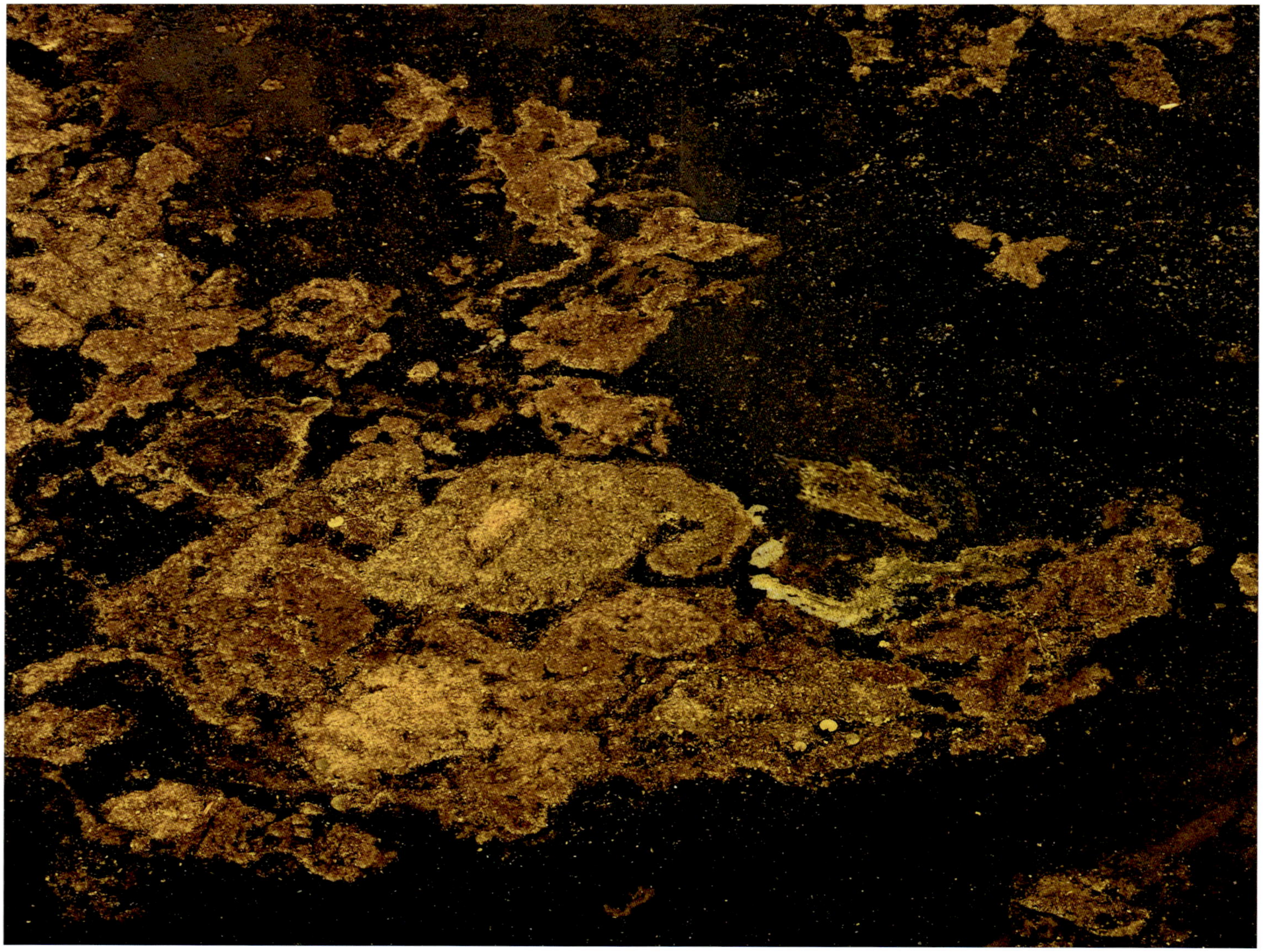

Le Canada est dans le marécage d'un terrain de golf à Laval 2004

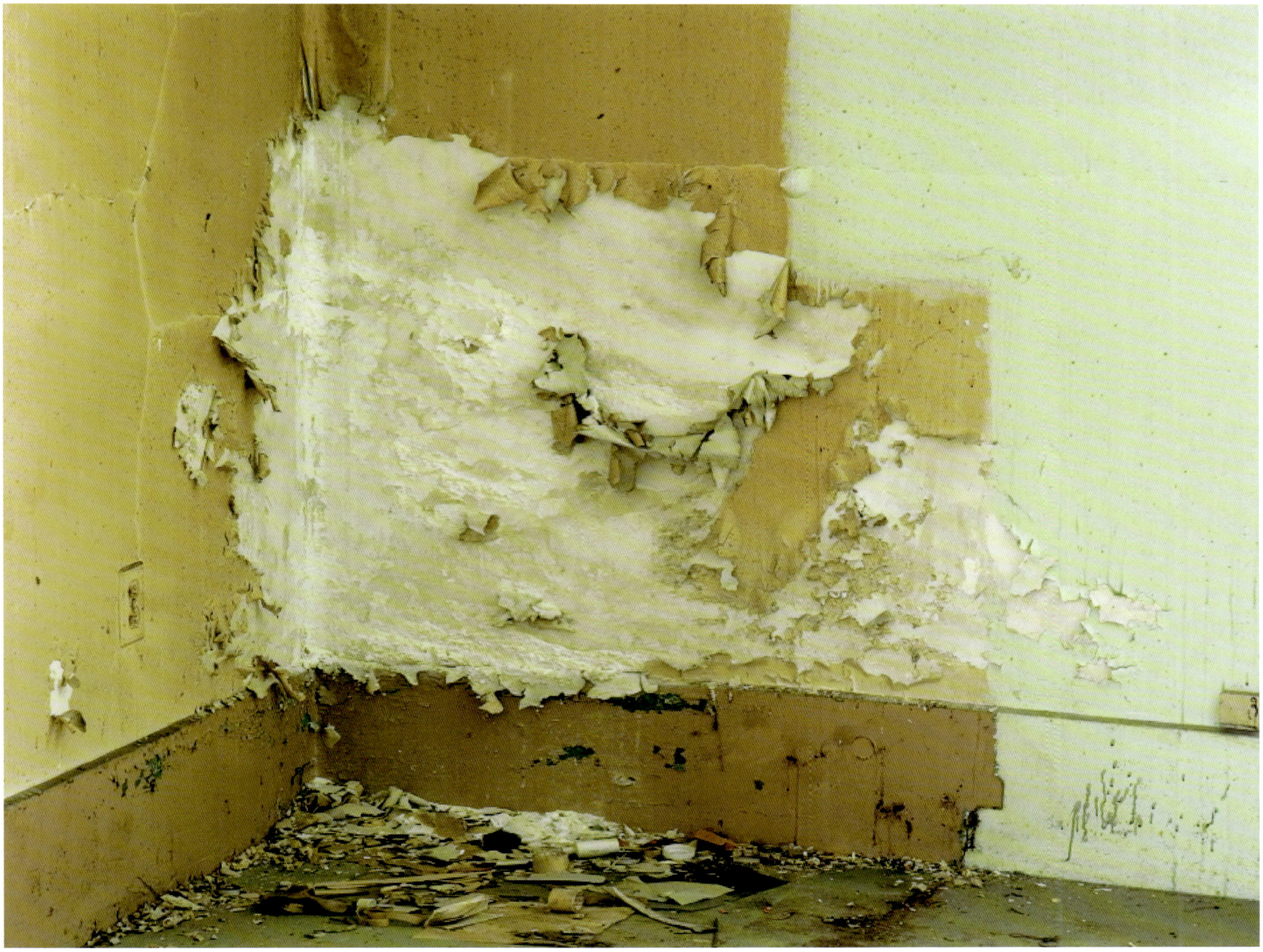

77

Le Canada est peinturé dans le coin d'un vieux pénitencier à Laval 2004

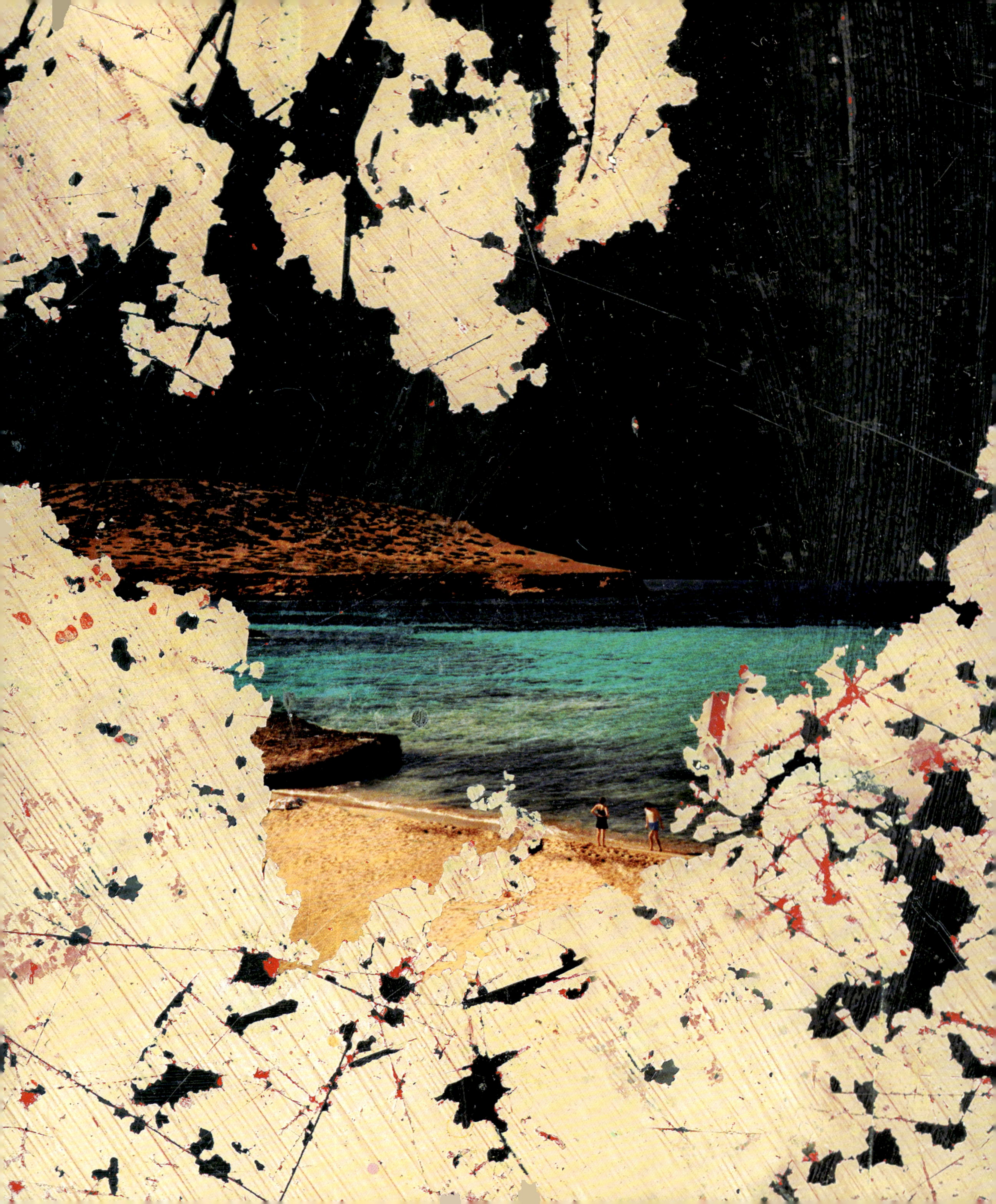

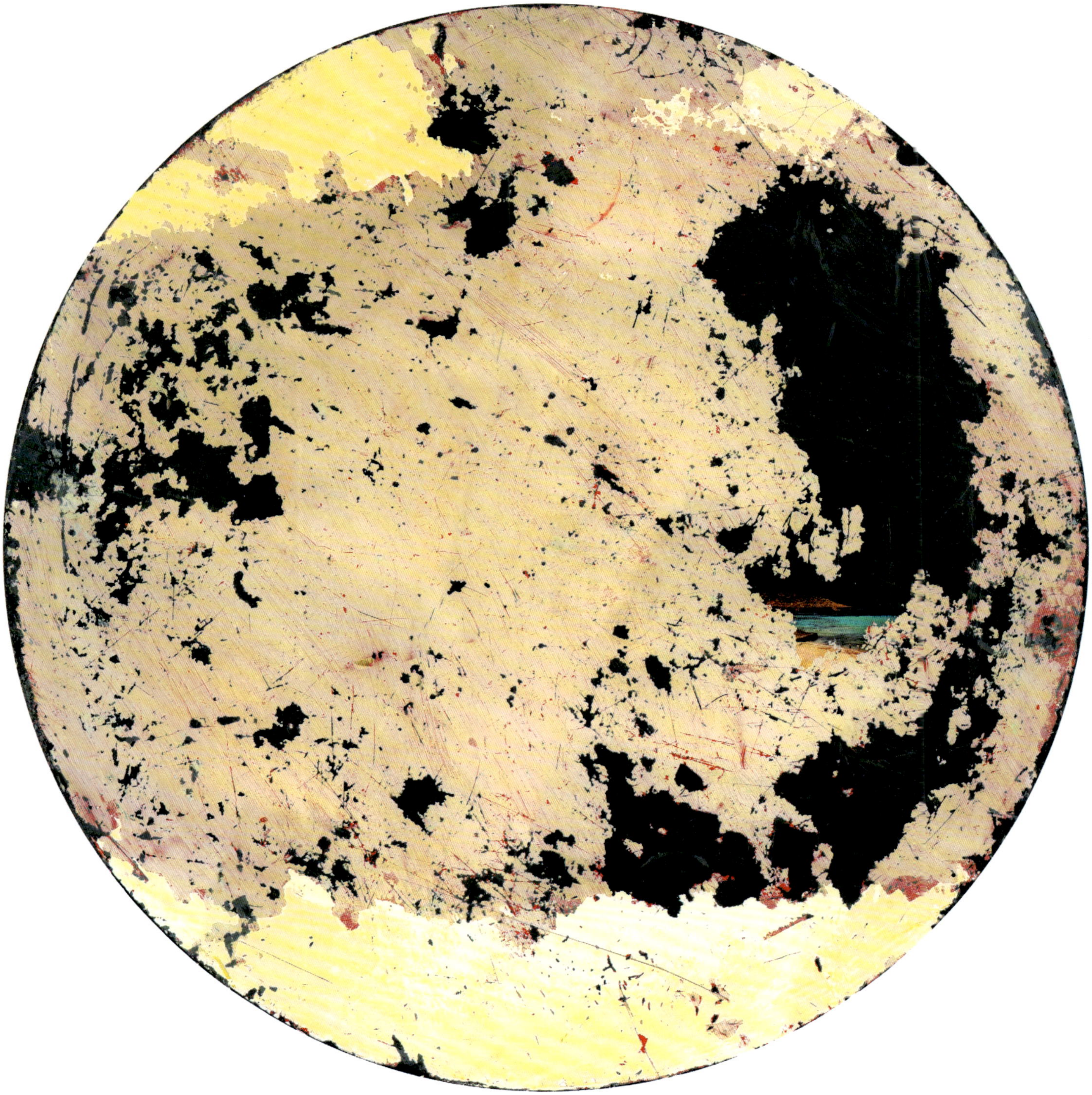

Planète 2002

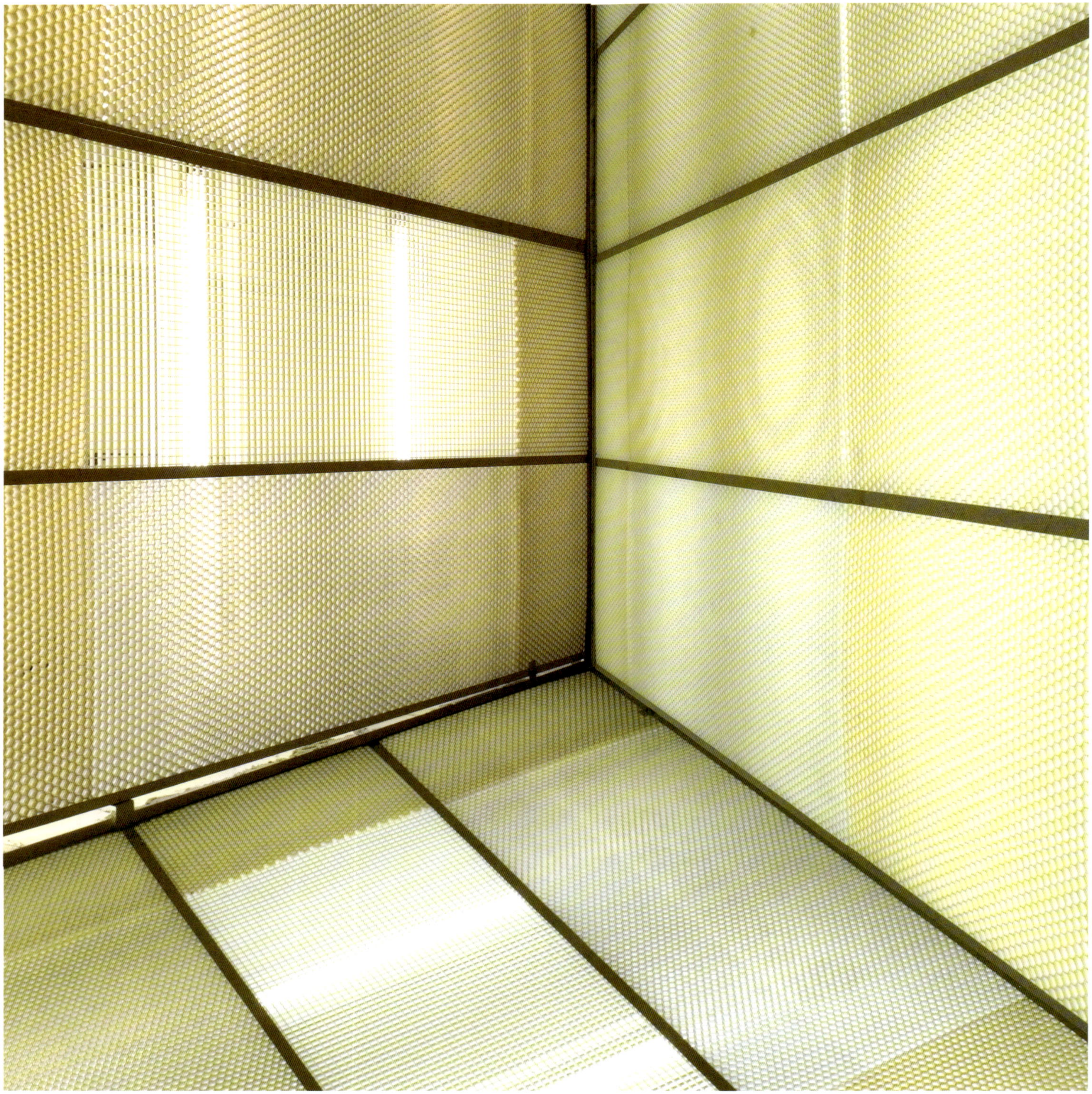

Voûte 2005

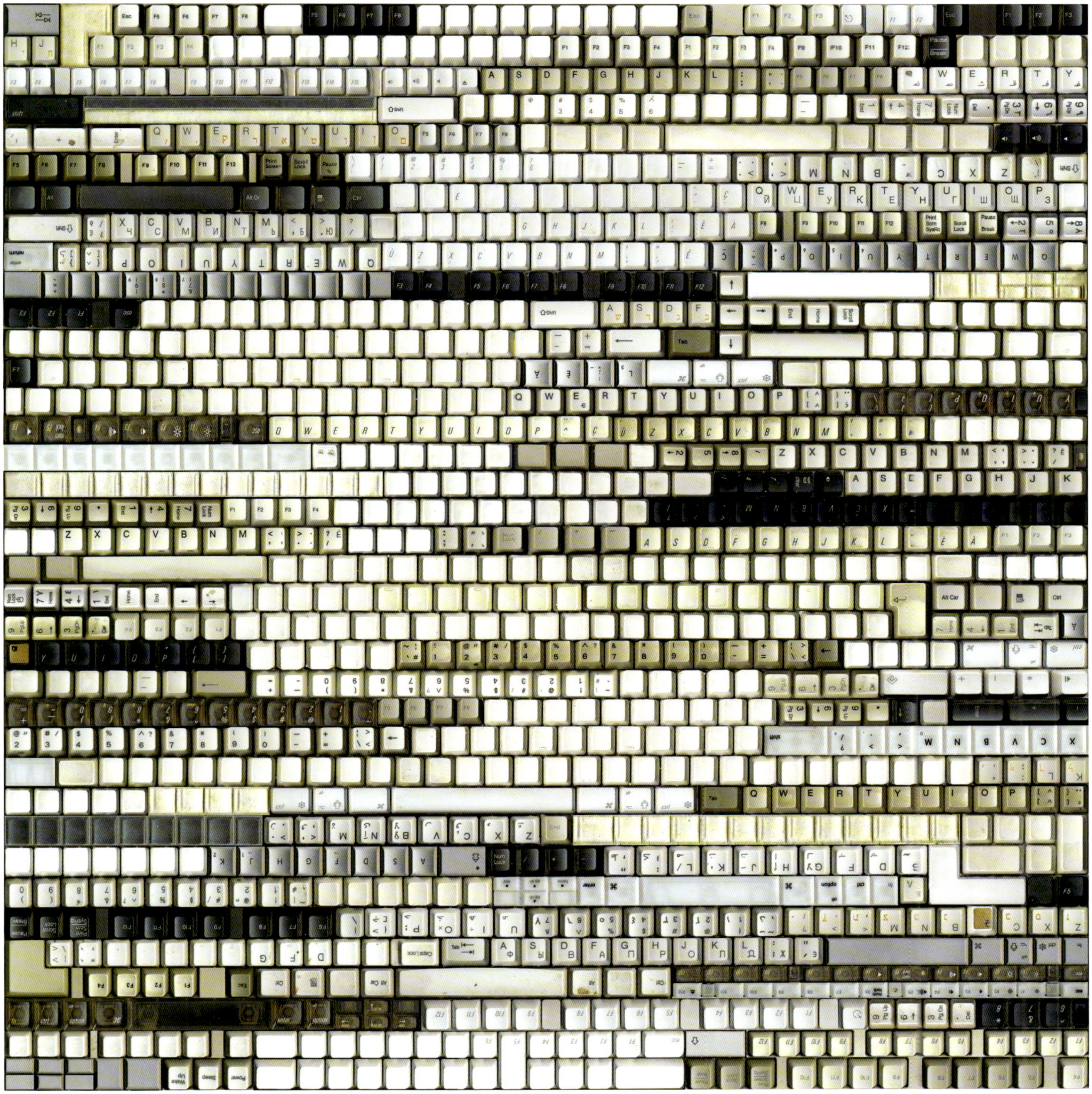

Chiboukis 2004

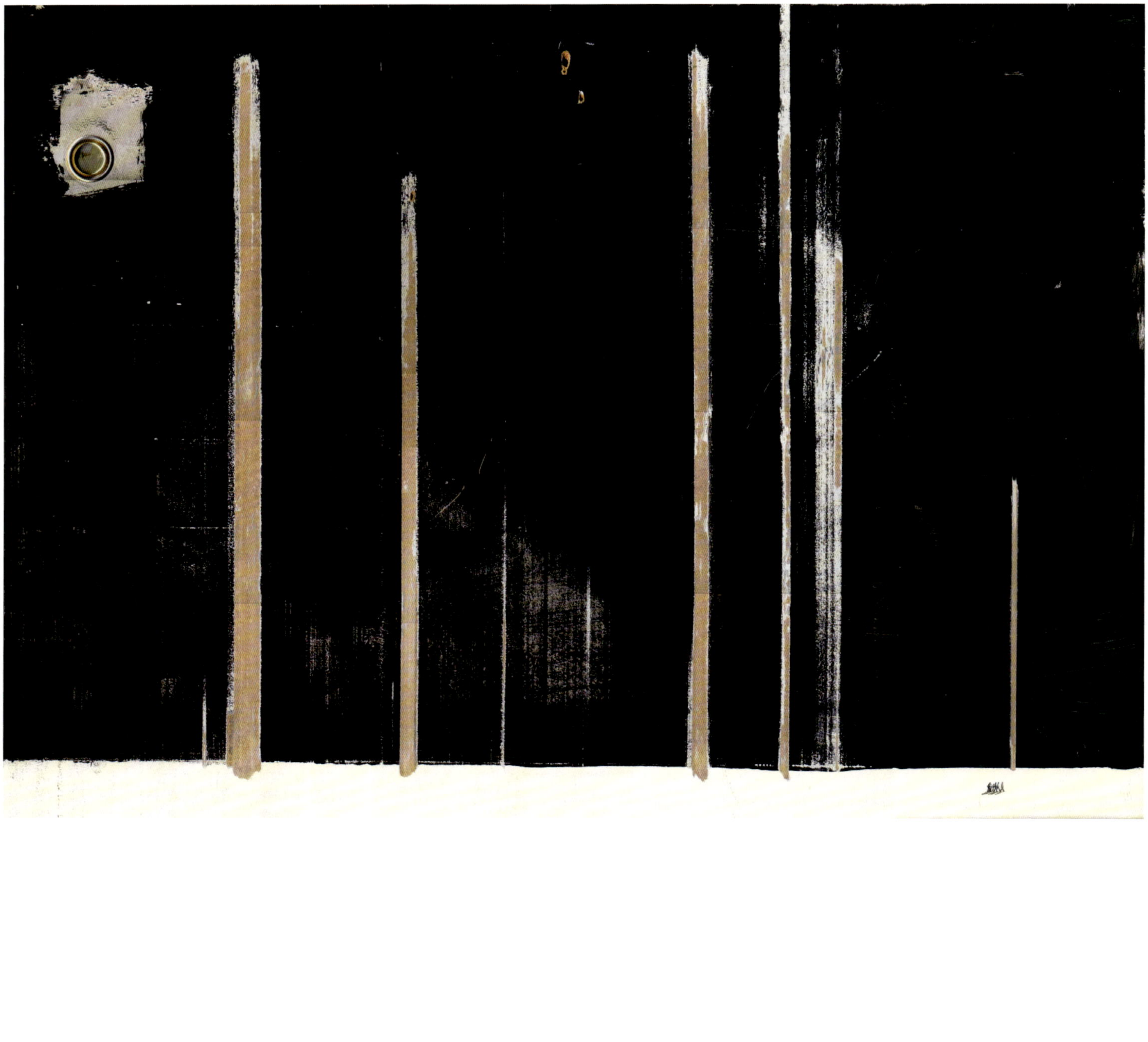

Cité 2005

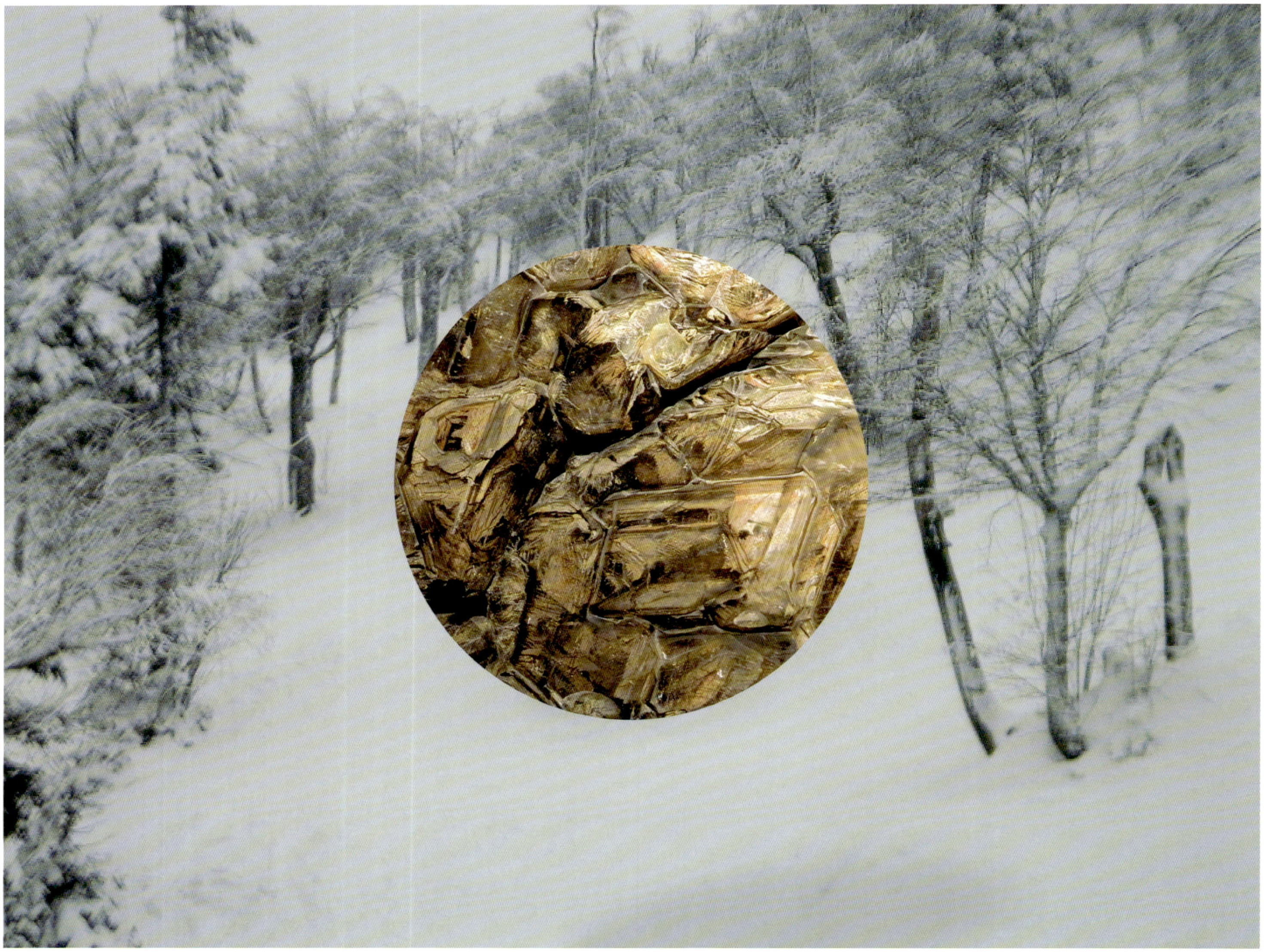

CHASSE/CHASSEUR/CHASSÉ 2005

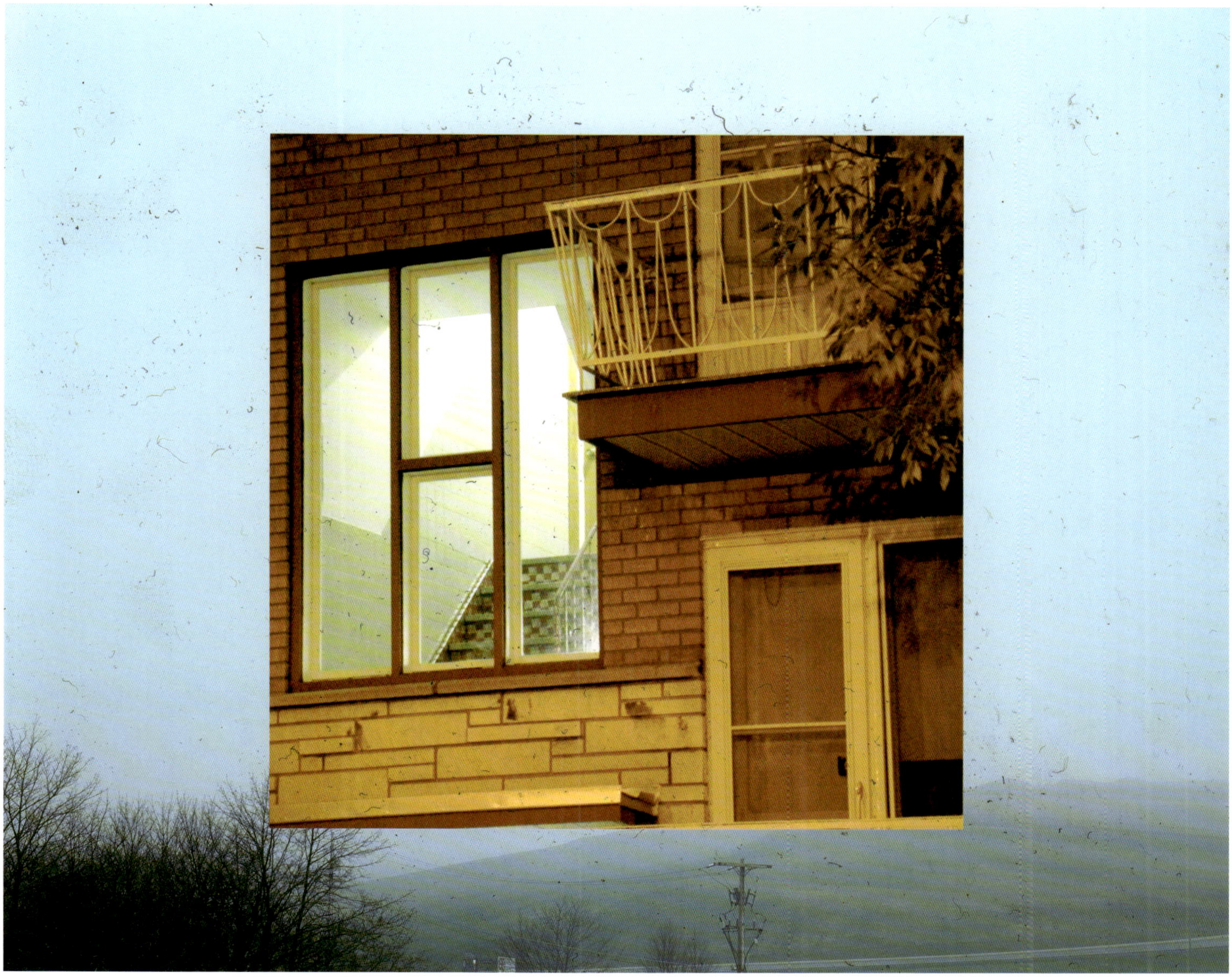

Berce 2004

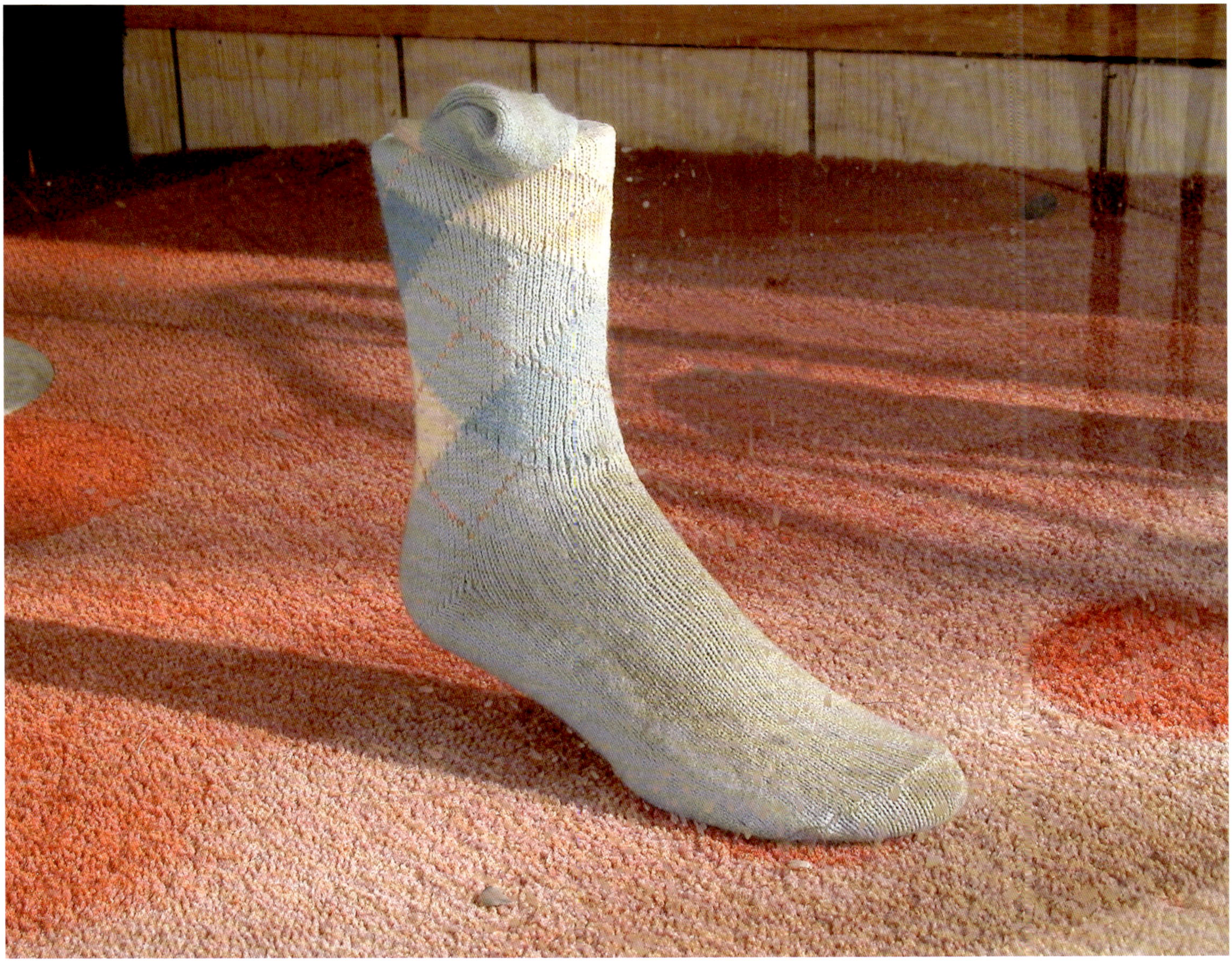

Sujet bas 2003

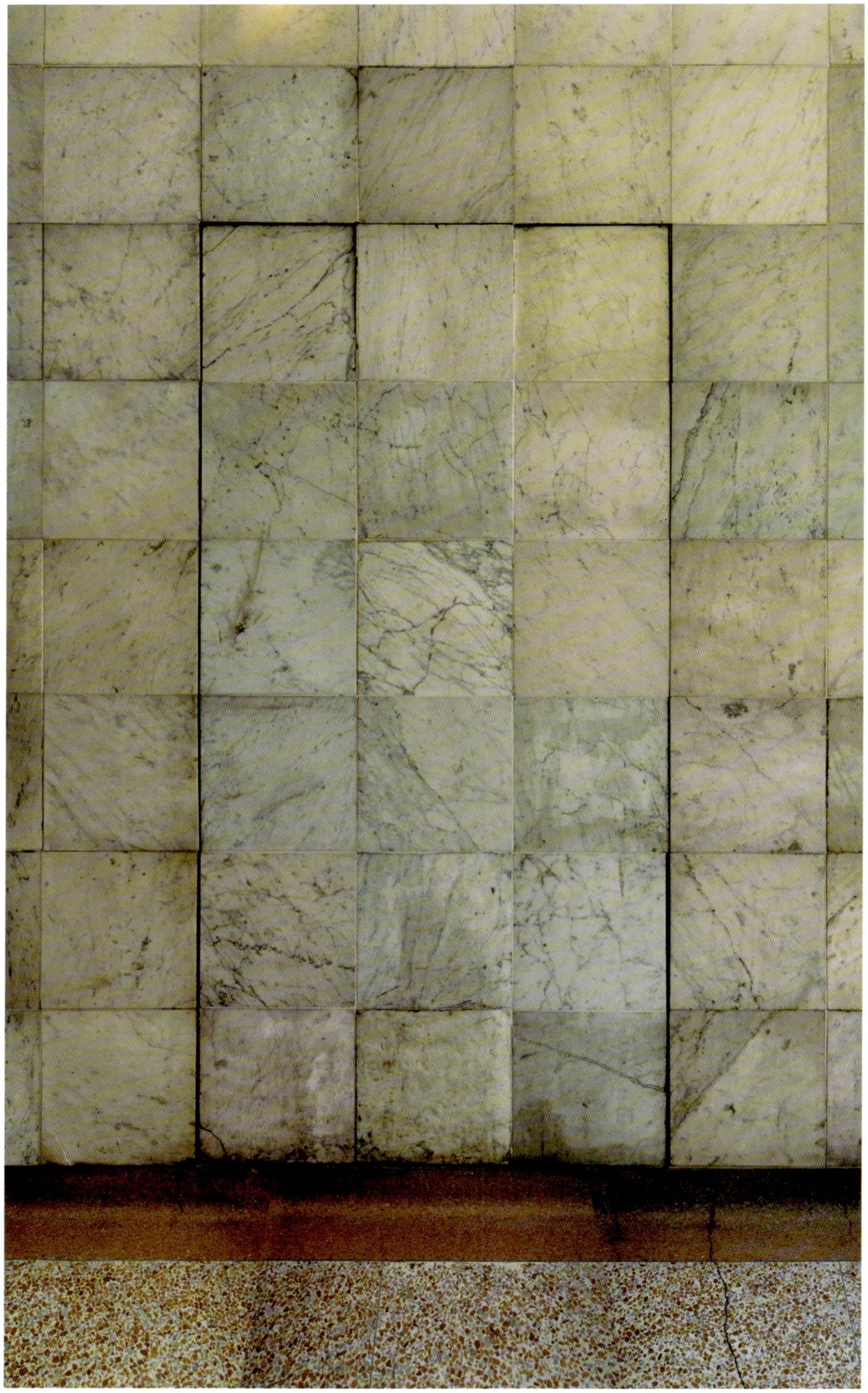

Monolithe 2004

L'HISTOIRE DE L'ART EN JEU

NICOLAS BAIER AU MUSÉE DES BEAUX-ARTS DE MONTRÉAL

STÉPHANE AQUIN

Les différentes collections qui composent un musée encyclopédique forment des ensembles relativement autonomes. Ici l'art islamique, là les antiquités gréco-romaines, l'art précolombien, les maîtres anciens, l'art contemporain, et ainsi de suite selon le profil de l'institution. Du moins est-ce le cas au Musée des beaux-arts de Montréal. Rares sont les aires de métissage. Tout au plus verra-t-on, dans les salles d'arts décoratifs, des toiles de la même époque ou famille. Mais présenter côte à côte les meubles de Frank Gehry et une nature morte flamande ? Le Musée imaginaire a, dans la réalité, des limites. Sous les projecteurs des salles d'exposition, les objets, ces orphelins de l'Histoire, paraissent rarement heureux en présence d'étrangers. Une force d'attraction « naturelle » semble les pousser vers leurs semblables.

Aussi, donc, est-ce avec un enthousiasme non dénué d'un certain scepticisme que nous avons répondu à la proposition de Nicolas Baier d'insérer son travail photographique au cœur des différentes collections, d'autant que son œuvre fait elle-même partie de la collection du Musée des beaux-arts depuis 2000. L'idée — le fruit d'un remue-méninges entre l'artiste et son acolyte Emmanuel Galland — a tout pour plaire, en cette ère où l'art contemporain et les musées cherchent à multiplier leurs échanges. Mais le résultat ? Une photographie travaillée au *Photoshop* peut-elle cohabiter avec une peinture du XVIIe siècle ? Et si oui, quel est le sens ou la portée d'un tel mariage ?

Baier nous a fourni des impressions de travail sur une douzaine de ses œuvres récentes. Sujets et traitements variés : scènes de forêt, paysages urbains, compositions « abstraites », clichés directs, compositions numériques... À quelques exceptions près — les deux « cartes » du Canada au sein des peintures du Groupe des Sept — l'artiste n'avait pas d'idée précise en tête. Un tour de table entre collègues a permis de dégager quelques mises en situation possibles : les claviers de *Chiboukis*, parfait avec les arts décoratifs modernes ; ou non, encore mieux, avec les mosaïques de l'art paléochrétien. *Harpie*, pour son clair-obscur, dans la galerie des peintres caravagesques. Et ainsi de suite. Notre profession de metteurs en scène de l'histoire de l'art tournait à la partie de cartes, avec pour seule règle le libre jeu des associations, plastiques, iconographiques, chromatiques...

Si certaines de nos propositions ont tenu, la plupart se sont avérées trop réfléchies, prévisibles. Dans les salles, Baier, lui, joue d'instinct. Devant une toile ou un ensemble d'œuvres, il voit subitement telle ou telle de ses images. Ses réactions sont vives ; ses décisions, rapides. Très peu de questions sur le contenu des œuvres qu'il s'apprête à bousculer ; apparemment peu d'intérêt pour les conséquences de ce jeu avec les trésors du passé.

Maintenant que le projet est défini — que les cartes sont distribuées —, je m'étonne de la justesse de ses propositions. Chaque intervention, même la plus discrète, aiguise notre perception de l'ensemble, fait ressortir un trait particulier des œuvres environnantes. De l'art islamique, par exemple, l'installation de *Monolithe* oriente notre regard vers le sens de la géométrie et le goût des surfaces dures et lisses. Dans les salles de l'art contemporain, l'iconographie néo-primitiviste de l'Allemand A. R. Penck, par la grâce du jeu des associations, se voit placée dans une perspective différente. Juxtaposée à cette *Cité* abstraite au bas de laquelle se détache, en miniature, un groupe en marche, *Le début de la chasse au lion* n'est pas qu'un épisode imaginaire de la survie en milieu sauvage, mais l'évocation du caractère primitif de toute organisation sociale et de la civilisation actuelle. Deux images d'une même réalité. Même Vlaminck paraît sous un jour nouveau. Forcée au voisinage de *Perspectives/Retour*, dont l'encastrement de deux images, une façade d'immeuble sur un paysage forestier, répète en le géométrisant son motif, la vue de *Rueil près de Paris* devient presque cubiste : un amas de rectangles observable sous une grille d'arbres. On est en 1912, après tout, et le cubisme domine.

Les arts visuels nous aident à mieux voir le monde. L'œuvre de Baier nous aide à mieux voir certains moments de l'histoire de ces arts visuels. Ce faisant, elle révèle la mobilité chronique de l'art contemporain face à cette histoire. L'ensemble des interventions de Baier au sein des collections du Musée se lit en effet comme un inventaire libre des différentes postures loisibles à l'artiste : mimétisme, distance critique, commentaire politique, dérision esthétique, restauration poétique... Ici Baier se moque du caractère fabriqué du paysage canadien avec des cartes du pays trouvées sur le mur d'une prison décrépite et dans une flaque marécageuse. Là il redonne vie à la tradition caravagesque sous l'aspect d'une scène de ruelle magiquement éclairée. Ailleurs l'artiste cherche à se fondre dans le décor, dans une tentative caméléonesque qui peut sembler une négation du présent, un désir d'abolition de soi. On croirait assister aux acrobaties d'un acteur jouant tour à tour tous les personnages de la pièce. Mais est-ce vraiment un jeu ?

Projet d'insertion de l'œuvre de Nicolas Baier au sein des collections permanentes du Musée des beaux-arts de Montréal, du 21 mars au 28 mai 2006.

Montages photographiques réalisés par Nicolas Baier

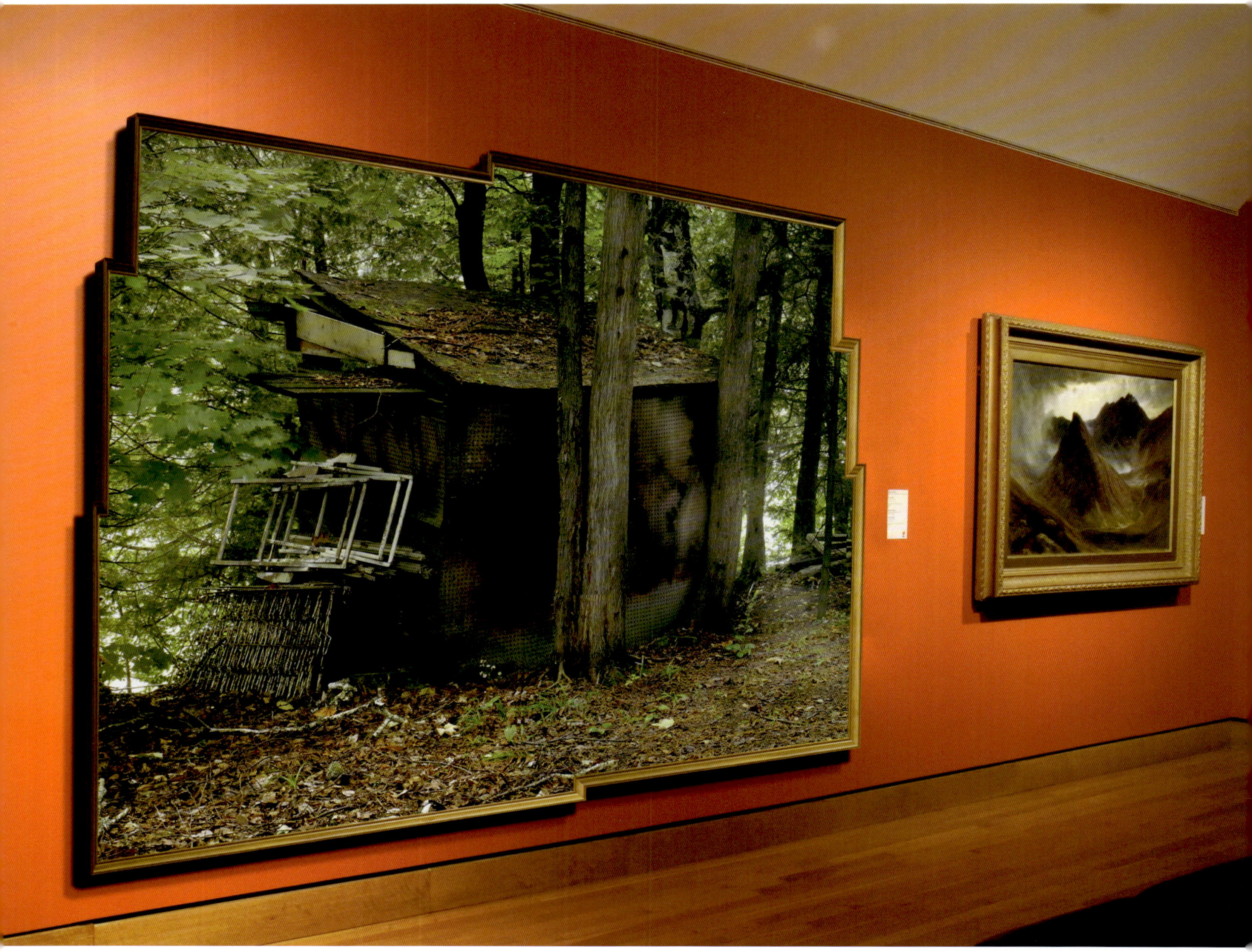

1

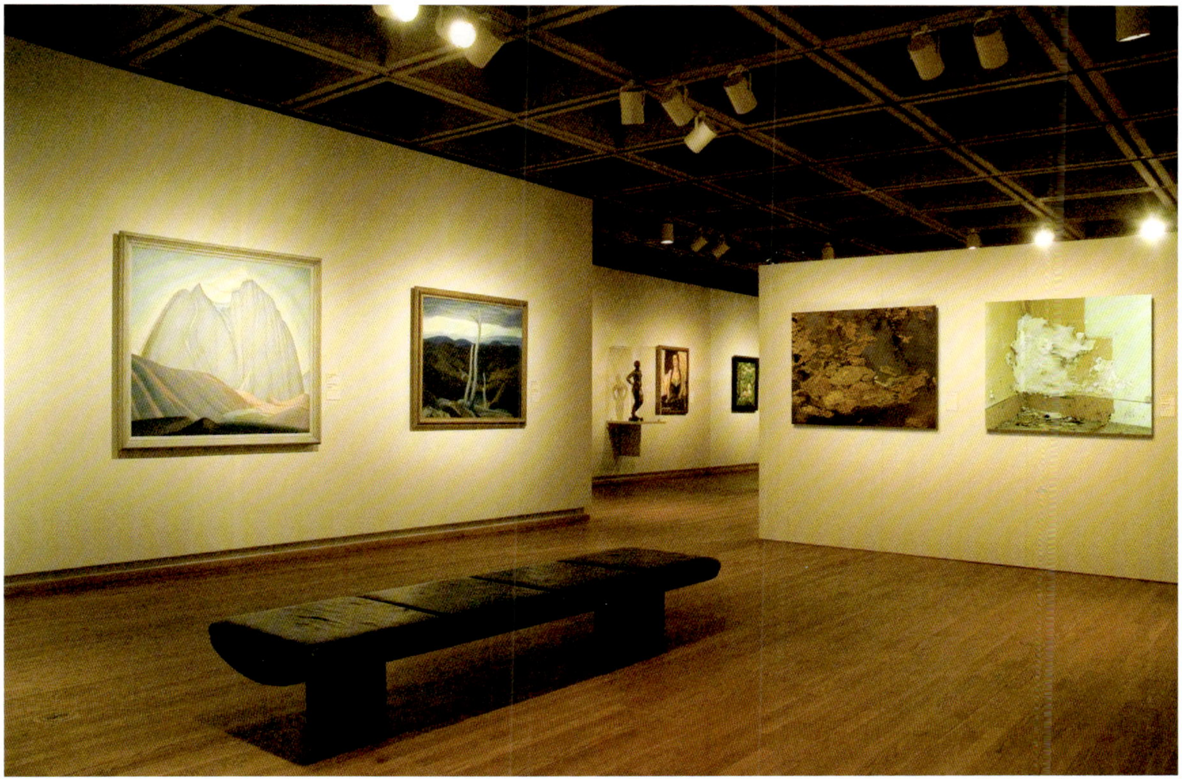

2

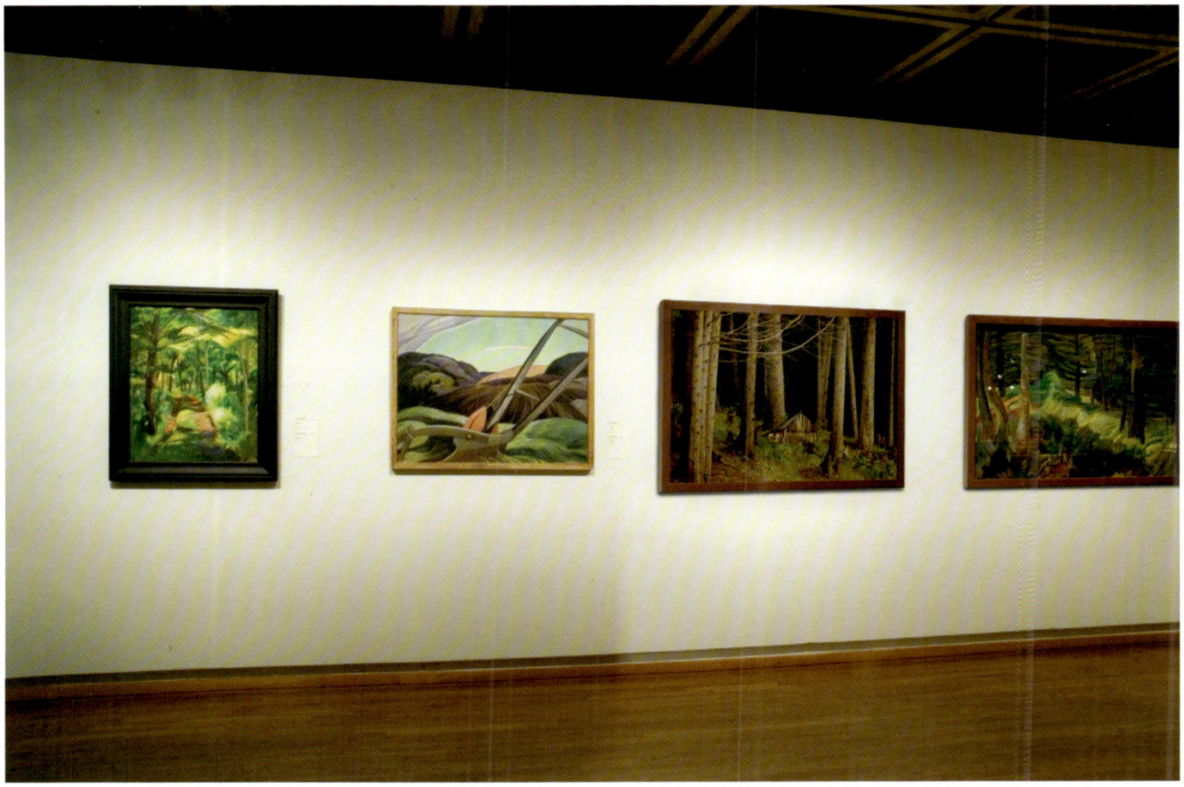

3

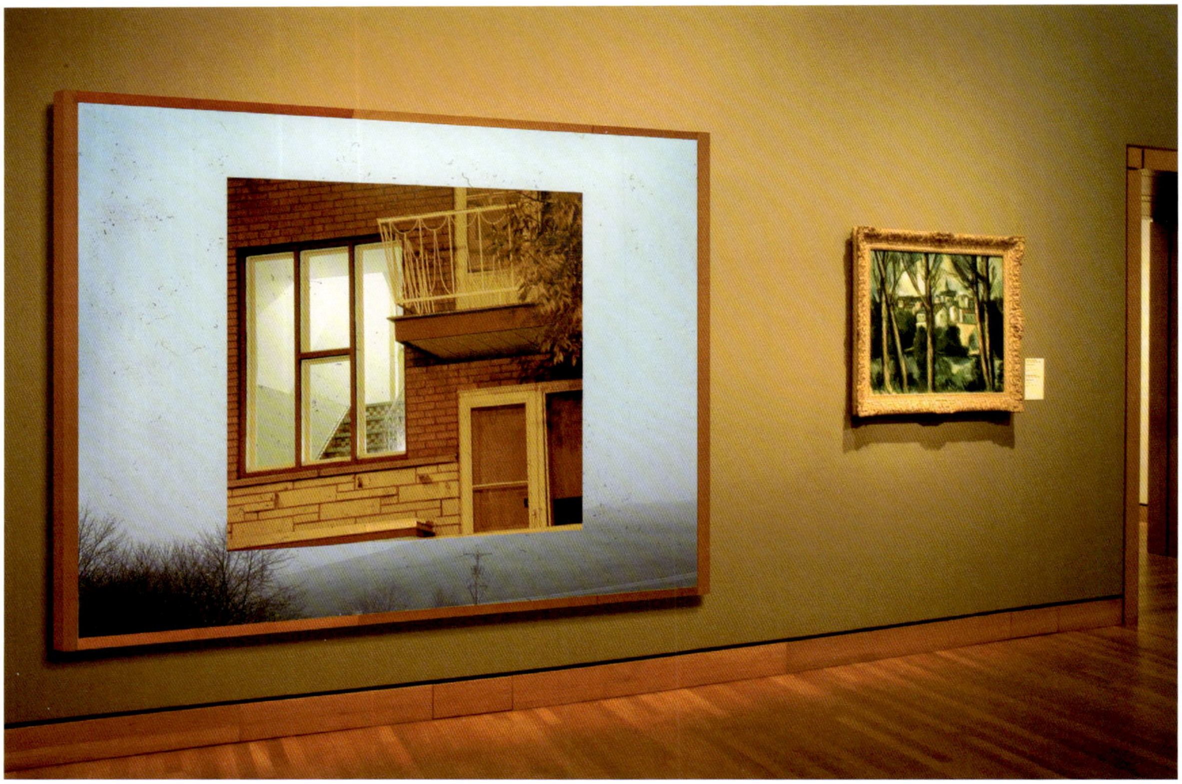

4

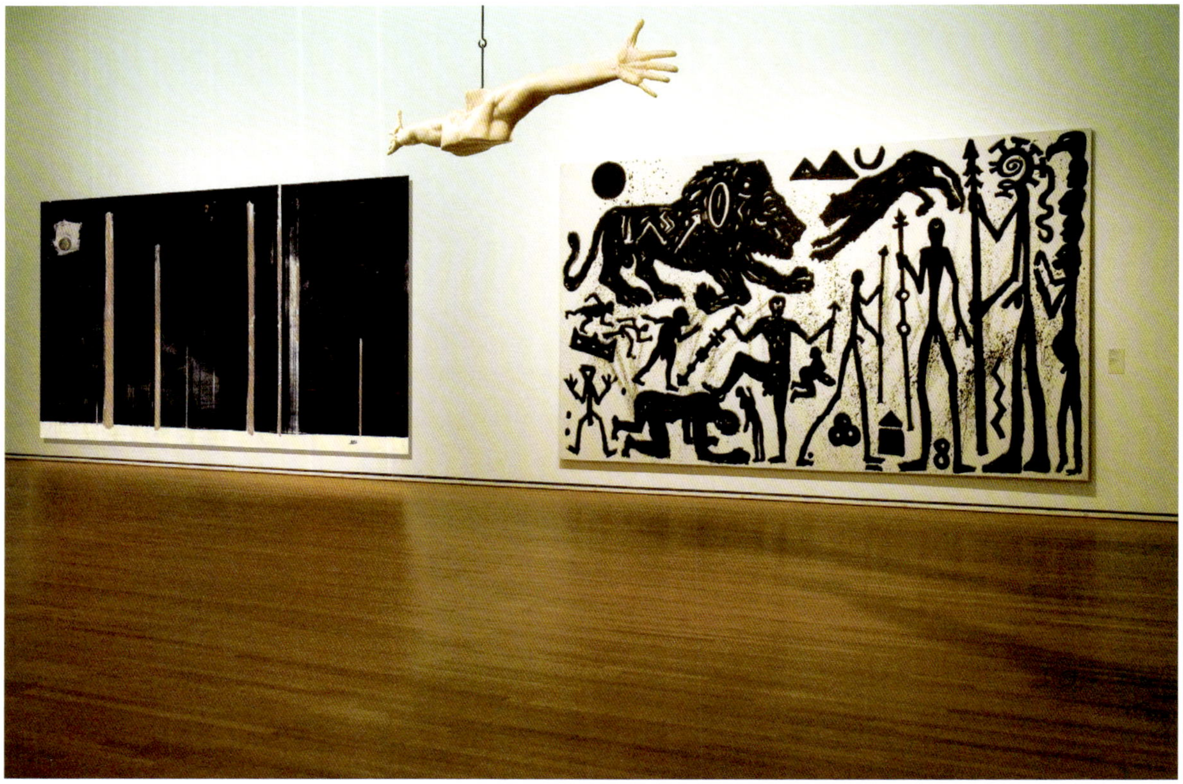

5

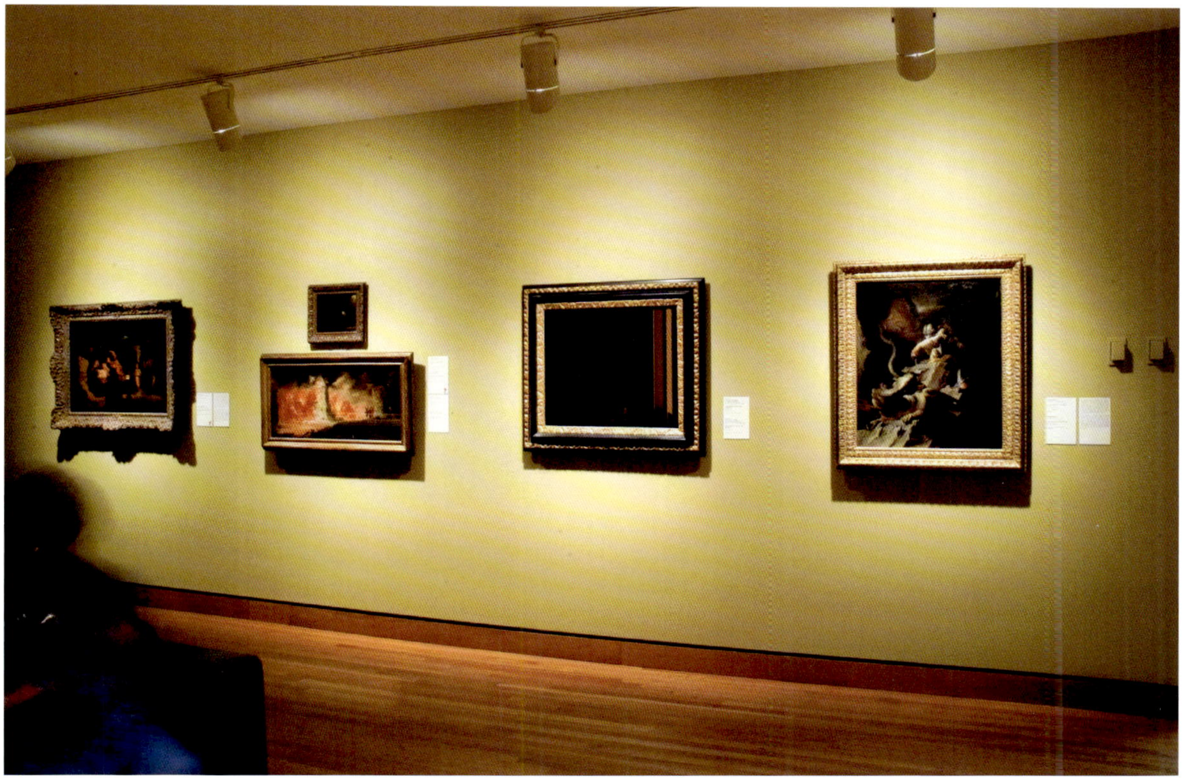

6

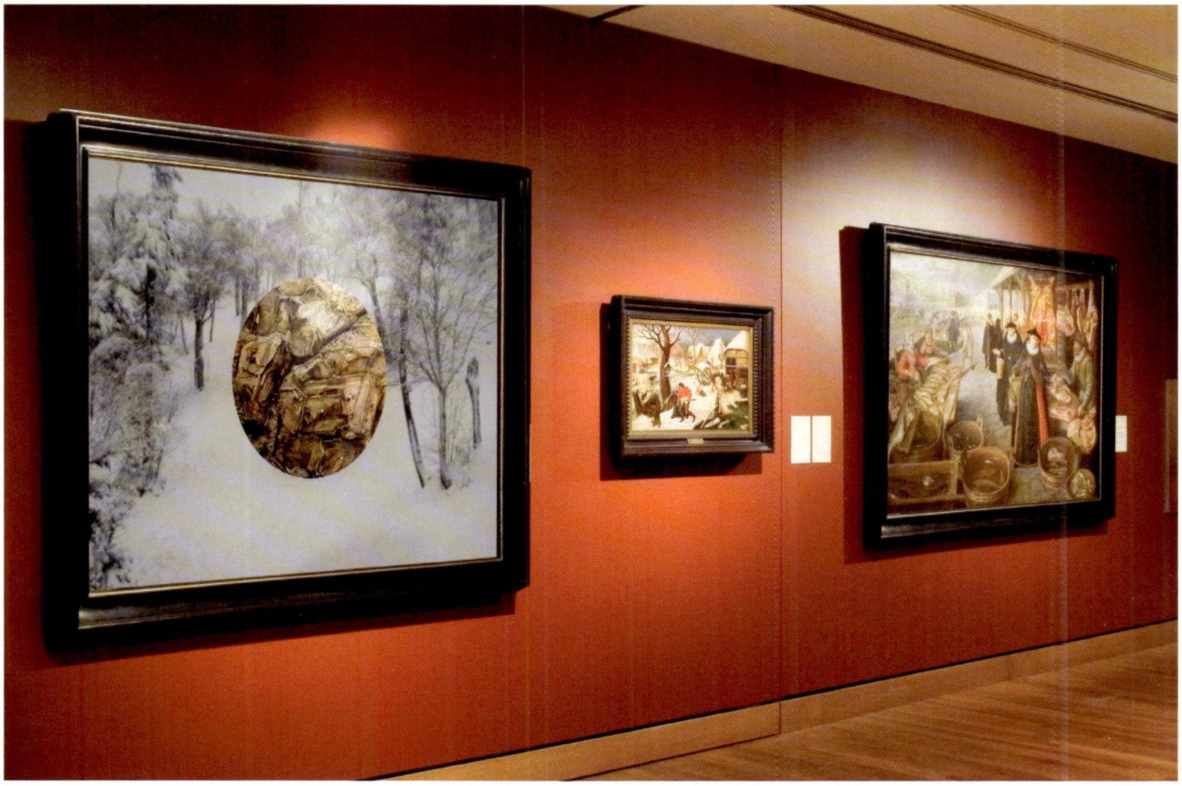

7

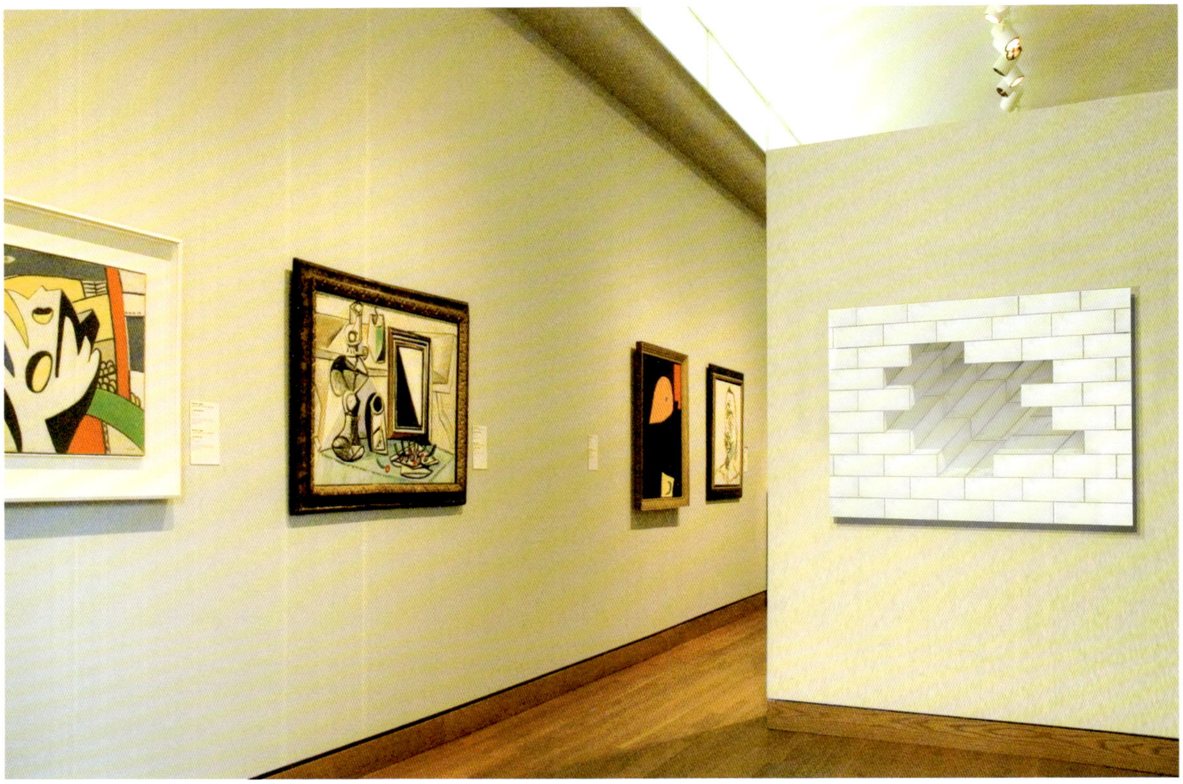

8

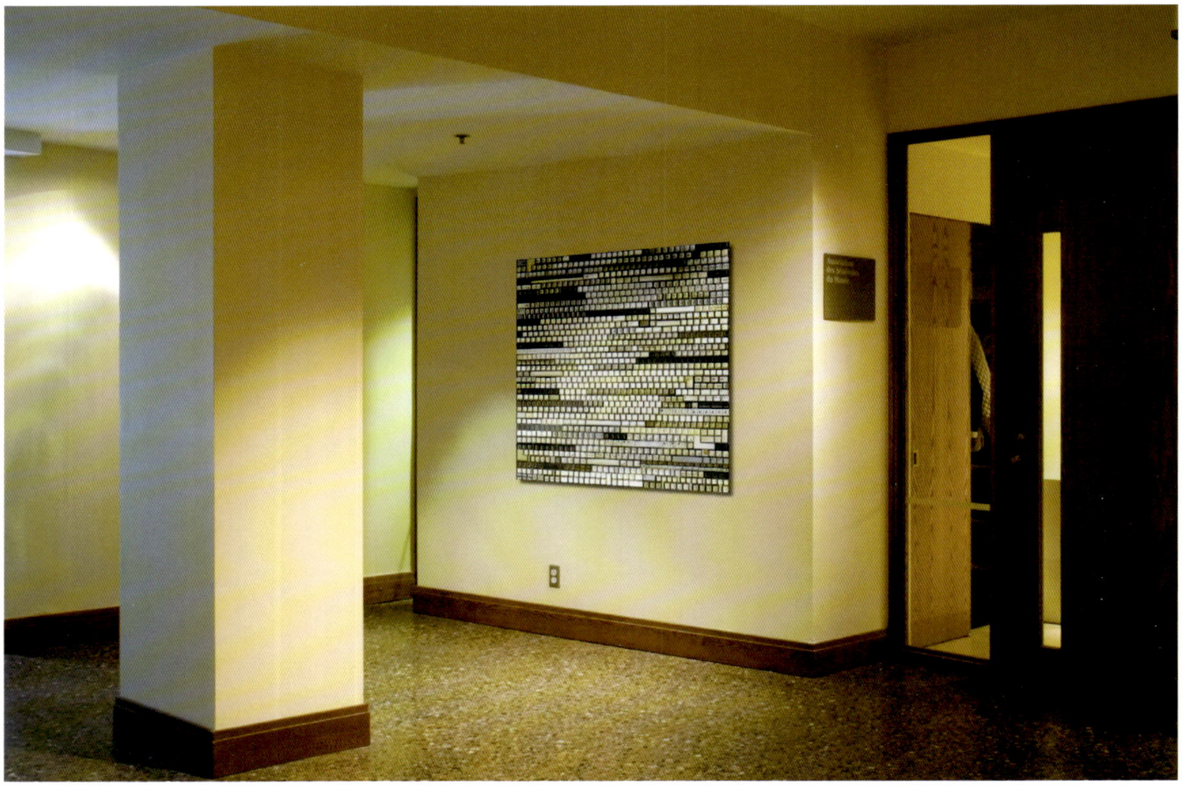

9

1 **Atelier** 2005
Pavillon Jean-Noël Desmarais, art européen du XIXe siècle

2 **Le Canada est dans le marécage d'un terrain de golf à Laval** 2004
et **Le Canada est dans le coin d'un vieux pénitencier à Laval** 2004
Pavillon Liliane et David M. Stewart, art canadien

3 **Vases communicants** 2005
Pavillon Liliane et David M. Stewart, art canadien

4 **Perspectives/Retour** 2005
Pavillon Jean-Noël Desmarais, art impressionniste et postimpressionniste

5 **Cité** 2005
Pavillon Jean-Noël Desmarais, art contemporain

6 **Harpie** 2005
Pavillon Jean-Noël Desmarais, art européen du XVIIe siècle

7 **Chasse/Chasseur/Chassé** 2005
Pavillon Jean-Noël Desmarais, art européen du XVIIe siècle

8 **Tablettes à maladies** 2005
Pavillon Jean-Noël Desmarais, art moderne

9 **Chiboukis** 2004
Pavillon Michal et Renata Hornstein, passage

Foreword

The methods and tools at art's disposal today are numberless, as are its subjects and even its ways of evading subject matter altogether. Arthur Schopenhauer, the great pessimist who believed that only the arts could give us temporary respite from our lives of frustration, disappointment and pain, would have had much to distract him in his unimagined future, our rich present. But the pleasure and beauty that Schopenhauer sought from the arts have not been the subject of much discussion in the modern period, a time when art has declared its independence from all other causes but its own. To assert its autonomy, visual artists and their apologists have had to demonstrate that they exercised more than mere beauty and pleasure, but an exclusive realm of knowledge and enquiry in their own right. How refreshing it is, after so many earnest decades, to discover a young artist with a Baudelairean project to expose the beauty of the modern world where it is most hidden or to create it from scratch. That he does it with both the newest (digital photography) and the oldest (composition, color, form) of means at the pictorial artist's disposal while remaining scrupulously contemporary and without a trace of nostalgia for a past that too many of us find more beautiful, only adds to our delight. We are therefore very pleased to bring you a second opportunity to see the work of this fascinating Montréal artist in a museum setting in his home town.

The essays gathered here are sure to deepen the reader's enjoyment of Nicolas Baier's work. Gilles Godmer, who organized the artist's first museum solo exhibition for the Musée d'art contemporain in 2003 and whose exhibition catalogue forms the basis of this expanded publication, has given us an insightful analysis of the work itself, its rich and personal iconography and its instinctive, pragmatic sensibility. Olivier Asselin, Professor of Art History at the Université de Montréal has masterfully explored the artistic implications of Baier's paradoxical photographs, his increasingly discreet use of digital technology to make photography a far more malleable medium, more analogous to painting, but fundamentally distinct. Stéphane Aquin, Curator of Contemporary Art at the Musée des beaux-arts de Montréal, whose enthusiasm for the work of Baier is the genesis of this expanded and now collaborative publication, offers us insights into the pitfalls and marvels of the stimulating and anachronistic juxtapositions that make up his daring exhibition. Finally, to make this book still more useful to posterity, we have included an essay-length artist's statement and an interview between Baier and his friend Emmanuel Galland, two revealing documents that will not fail to interest the artist's admirers.

Although our two institutions have enjoyed the most collegial of relationships over the years, this exhibition represents the first actual collaborative publication. We are particularly happy with the result, not only because it has deepened our appreciation of a young Montréal artist upon whose relevance we are in complete agreement, but also because it has served us so well in demonstrating the difference and complementarity between an encyclopaedic art museum and one that is entirely dedicated to the art of our time. Seeing new art in the context of art history's full spectrum of delights, or against a backdrop that is exclusive to the present moment, are two very different experiences, two different tests of an art work's stamina. Montreal is one of only a few cities in the world where such experiences can be had on the same day, indeed on the same afternoon. We look forward to the next opportunity when we might exploit this advantage again.

Marc Mayer
Director, Musée d'art contemporain de Montréal

Guy Cogeval
Director, Montreal Museum of Fine Arts

The Anatomy of Domestic Life

Gilles Godmer

Dramas are equally psychological and plastic.
Michelangelo Antonioni

With his exhibition *Liquidation Niko & Cie* at the Centre des arts actuels Skol in 1999, Nicolas Baier revealed a new tone. Intimist and autobiographical, the subject of the work was a startling exploded-view inventory of his everyday environment (studio, apartment and all that could possibly be found there, including the oblique presence of friends). The exhibition—the impact of which is even clearer today—inaugurated a creative cycle that includes all of Baier's subsequent works. These pieces pursue the same explorations on a yet deeper level.

A Mirror-Environment

In fact, since that pivotal exhibition exhibition in 1999, Nicolas Baier has in his own way documented—with fantasy and, at times, with gravity—the sites where most of his life has been spent (selected details of these sites, fragments, as well as what is found in them); where he goes (including, always, the homes of friends, and the objects that belong to them); and those places through which he passes, along with anything that captures his interest there. We can easily imagine him in the midst of his world, scrutinizing, observing everything around him with great acuity, more or less taking inventory, rather like Winnie in Samuel Beckett's *Happy Days*, stuck in her mound of earth and reduced to considering only her very immediate environs. From this point of view, the exercise has more to do with self-portrait than with autobiography, and is closer to contemplation than to a form of cartography: it is much more a way of looking at things that we are offered, and what that looking expresses, than a banal inventory of the reality in which the author lives and works.

With the work entitled *Petits riens,* one of the first and major works of the 2003 corpus, Nicolas Baier takes us directly into the heart of his private life.[1] Every object in the tiny apartment where he lived and worked was scanned, then spread out and superimposed across the entire surface of the photographic space. The floor and wall of the room, left scarcely readable, act as a frame from which the objects seem to have detached themselves: they now hang as if suspended in midair. Hard, thus, not to think of the final spectacular scene of Antonioni's film *Zabriskie Point* where, in a high-angle shot (or that's how I remember it, thirty years later), an explosion propels a myriad of domestic objects of every possible colour and form, in eloquent slow motion, into the sky.[2]

The Absent

Prior to this astonishing piece showing a corner of an apartment engulfed in the array of the thousand and one objects found in it, photographs in previous exhibitions exploited other rooms of the house: a kitchen, a snippet of bathroom, a bedroom, a few details of a living room, etc. The series of photographs shown at the museum follows suit, taking up the process once more, though this time Baier's interest seems to zero in on selected objects, on specific details: a table, its surface battered, time-worn; a bit of counter; a few ceramic tiles in a bathroom, etc. The whole piece becomes, by sheer weight of accumulation, a kind of impressionist self-portrait where, though the body is eloquently absent, some of its qualities persist. For here, matter—its colour, sensuality, even its tactility—is omnipresent. Furthermore, despite the sophisticated technology used by the artist, his tinkering has resulted in obvious, deliberate imperfections, more linked to man than to machine (which, as we well know, can easily produce perfection). Above all, there is the enigmatic presence of someone whose looking, we notice, is intense and sensitive, infusing all of these photographic works with the utmost colour and density, even an aura.

1 The intimate framing becomes an endless source of interest for the photographer, in a somewhat zen way, like fully-realized or nomadic spirits who posses the power of discovery amid the multitude of details or events in their immediate environment.
2 Time has altered my memory here; in fact, the scene involved a low-angle shot.

This approach, as we have seen, at times takes on the look of a dense enumeration, yet, at the other extreme of the spectrum, results in works that are stripped-down, almost abstract, where even the absence of any object—the rather dusty surface of one of the artist's working tools, the scanner—becomes a no less interesting subject for electronic reproduction (*Cinémascope*). Here the "void," with its formidable cosmographic qualities, turns out to be as rich and fascinating as the proliferations of *Petits riens*. It is as if, ultimately, the image of one (superabundance) were equivalent to that of the other (emptiness); as if, finally, there were just as much to observe (in fact, so much that it seems that one could lose oneself in the process) in one work as there is in the other.

Between these two extremes lies a photographic chronicle that reveals a bit more each time about its author and his metaphysical concerns and interrogations: "The outside is a mirror upon which the inside comes to be reflected."[3] It's a bit like the novel that Virginia Woolf constructed entirely around a lack, an absence, from which we are able to make out only slowly, by small strokes, by allusions, a portrait that, in the end, quite accurately depicts the one who had vanished; and which does so through characters who knew him to different extents, descriptions of the place where he lived (his room), and the mediation of objects that were his and that speak eloquently and incessantly of him.[4]

The Presence of Painting

Nicolas Baier started out as a painter, and only later turned to photography. Yet, more often than not, it's as a painter that he approaches his adopted means of expression. In any case, it would be hard not to recognize how much, in diverse ways, his photography inevitably steers us back to painting. First, there is his attitude toward the photographic medium, his personal approach to the construction of his works. Working mostly with the computer, Baier proceeds by accreting elements or fragments. It is a way of creating that, incidentally, meets the classic definition of painting: per via di porre, by means of adding on.[5] As almost each photograph is reworked (usually at length) and somewhat altered by the use of the artist's indispensable electronic tools, the photographic jettisons a once intrinsic quality that defined part of its nature (the recording of reality: the so-called objective image), while taking on another quality directly linked with painting's "workings": "The "constative" nature of photography is opposed to the "performative" nature of painting."[6]

From another angle, the way the artist looks at certain objects clearly highlights pictorial characteristics that most observers would not otherwise notice. The corner of a counter, appropriately framed, suddenly takes on the look of an authentic abstract painting. The battered surface of a round table, whose wear-and-tear and different coats of paint, revealed by the passage of time, evoke the lunar motifs of a Paterson Ewen (*Planète*)—with, to top it off, a scarcely discernable scene that, for some visitors, might be perceived as a reference to a diminutive woodcutter, that figure who, in our childhood, was said to live on the moon.

3 Witold Gombrowicz, *Bakakaï* (Paris: Denöel, 1984), p.98.
4 Virginia Woolf, *Jacob's Room*.
5 Using the definition of Michelangelo.
6 Patrick Vaudray, *La peinture et l'image* (Paris: Éditions Pleins Feux, 2002), p. 71.

And again, we have *Petits riens*, which, with its dense accumulation of found objects tightly interlocked and spread over the entire photographic surface, recalls certain attributes of the paintings of Riopelle or even Pollock. This is particularly the case on giving this photograph a second reading, when the multitude of objects on view tend to be reduced to form or colour, inscribing an organization of the image that relies as much on one as on the other.

But because of the very nature of these strongly elliptical works, their more or less surrealist, or even—at moments—fantastical, character, and the way that some are constructed almost as enigmas or, better yet, as poems, the photographs of Nicolas Baier tend to lean toward Sartre's definition of painting: "(It) does not reflect the world but projects an imagination."[7] In this optic, their relation with painting is perhaps even more convincing. For this is very precisely what these photographs do. Not only is their attachment to reality more or less in the order of fantasy, but the photographs are, as well, each in its own way, adept launching pads for our imagination: a response that lives up to Baier's way of projecting his own imagination. Thus, this photography has more to do with dream than with reality; at times, the fact that the artist looks at a particular object is enough to render the object itself somewhat dubious, even leading us to consider it as another of the artist's "fabrications" (*Sujet bas*).

A World in Pieces

"I see the objects around me as an atomization of a mysterious all, the sense of which escapes me."[8] If this declaration is a fair translation of the aesthetic Nicolas Baier develops in his recent work, it also reveals the metaphysical foundation and tenor of his restless investigations. As it is with his feeling about the complexity of reality, so it is with each of the photographic works that stem directly from this feeling, and that perhaps most clearly constitute an ensemble in the current exhibition, wherein the artist "sees no relation between the works, no codes, and no apparent ties."[9] What is brought to the fore is simply the gaping space that separates these photos: "The world is in a state of continual disintegration."[10]

This sensibility of Nicolas Baier's, becoming more familiar to us with each work, echoes in the cinematography of Antonioni, an emblematic figure in the Italian cinema of the 1960s and 1970s who grapples, above all, with vast existential questions. The filmmaker's world, Pascal Bonitzer says, is "presented plastically, narratively and ontologically as a world in pieces."[11] In the work of this director of emptiness, lack, disintegration, disaffection, and disappearance, "the protagonists resemble, morally speaking, the places through which they pass in their disenchantment.... Disoriented, the characters are pictured in settings that offer them no point of reference, nothing but the blind reflection of their disintegrating

7 Vaudray, *op. cit.,* p. 18.
8 Taken from a short text by the artist on his own work.
9 Ibid.
10 Hannah Holmes, *The Secret Life of Dust* (New York, Chichester, Weinheim, Brisbane, Singapore, Toronto: John Wiley & Sons Inc., 2001), p. 2.
11 Pascal Bonitzer, *Décadrages* (Paris: Éditions de l'Étoile, Les Cahiers du Cinéma, 1995), p. 99.

mental universe."[12] In reading these words, a recent image of Baier's comes to mind in which the anonymous, fragile figure of a young woman, seen from behind, is overcome by the scale and overwhelming geometry of her environment (*Janvier*). But they also evoke the entire range of recent work in this exhibition: piece by piece, they sketch the portrait of an exacerbated consciousness.

Finally, both director and photographer, being adept painters, are interested in the informal, in blemishes, in forms born from chance that, in Baier, seem to confirm the primacy of the gaze in artistic endeavour.[13] Between chaos and cosmos, destruction and creation, these emblems of the misshapen and of every possible ambiguity become sites where any glimmer of creative drive is annihilated, even while they are the source and crucible for all creation.

Of Proximity and Distance

Within this photographic work which blithely mingles every code, including—as we've seen—those of painting and photography, Nicolas Baier adds an interrogation, if not an additional loss of references, by exploring the variations of scale that his interest in detail and in tight framing regularly tend to favour. With a sensibility that prompts him to closely observe those things in our everyday surroundings that could easily be perceived as negligible or even uninteresting (because our gaze tends to wear itself out on the surface of things), Baier, out of the little nothings he sees and captures, has the power to project us into the infinitely large. Becoming moons or cosmos, these insignificant details suddenly acquire an unexpected dimension. And because they take on the image of a star or a portion of the universe situated light-years away and far beyond our experience (yet call directly out to us), these same little nothings, abruptly transformed by the quality of looking, nonetheless exercise, through the images created by the artist, an irresistible attraction, and lead us to dream.

We are not just transported from a negligible detail to the image of an infinitely huge object, or from what is derisory to what has forever aroused human interest and curiosity: in this surprising substitution, we undergo a sort of dislocation of time as a direct result of the transformation. From finite time, and from lowly or unworthy material (dust, an old table) we accede to a sort of eternity... or almost (moon and cosmos). And this "paradoxical conjunction of the close and the distant is what defines, above all, the aura."[14]

Curiously, the notion of cosmos brings us back, irrevocably, to chaos. And it's chaos that Nicolas Baier, in his way, attempts courageously to confront with his work, which proposes to install a "semblance of order."[15]

12 Ibid. p. 97-98.
13 Régis Durand, *Le temps et l'image* (Paris: La Différence, 1995), p. 170-171. On Robert Smithson and the act of looking as a work of art; on disappearance as interminable process (linked to the photograph); on fractures, ruptures, on emptiness...
14 Ibid. p. 161.
15 These are the artist's words.

Dust and Time

Dust, a neglected, poor material, is for Baier, who rejects any hierarchy in this domain, absolutely worthy of interest—even more so, perhaps, in light of the notion of absence that invests its very presence.[16] Implicitly visited by the time it can also symbolize, dust leads us to an obvious metaphysical reflection that, in passing, comes to short-circuit the remarkable material qualities displayed in the photographic works of the artist: "I work with dust as something that reveals the flight of time."[17]

Paradoxically, in this sincere and relatively new interest in such a material, one thing that emerges is the idea (quite laughable) of slowing the course of things, of stopping the flow of time. For, as we might have sensed, if not firmly felt, there is a sudden febrility, an urgency even, in the artist—an urgency to which the work of recent years bears witness, both in the sustained and applied rhythm of its making and in the variety and number of works that have directly resulted from it. In this fever of his, a real driving force for the tireless pursuit of his domestic investigation, Nicolas Baier persists, through the freedom and audacity of his looking, in not wanting to "discriminate" in the field of the visible; or better, he persists in removing from it all hierarchy, all preconceived ideas, so that any form of border becomes porous. His general attitude surely constitutes a model of one "who places his life in the studio on the same level as his private life."[18]

(Translated by Susan Le Pan)

16 Hanna Holmes, *op. cit.* It's really surprising what these analyses of today's dust can reveal of past life.
17 Quote from Nicolas Baier.
18 Emmanuel Galland, "Nicolas Baier. De la peinture par téléphone" *CV photo*, n° 52, (automne 2000), p. 14.

Chronotopes. The Digital Fictions of Nicolas Baier

Olivier Asselin

The works of Nicolas Baier are photographic, undeniably. His principal tool is the camera and the final result is a photograph, an essentially mechanical image, indexical and analogical. But this evidence is quickly complicated. The chosen subject, point of view and framing often betray decidedly formal preoccupations—formalist even—which would seem to contradict the documentary function traditionally ascribed to photography: they transform reality into an abstract surface, a simple composition of colours, forms and textures, which are thus reminiscent of modern painting—cubism, gestural or geometric abstraction, collage, and so on. Furthermore, Baier's images are also objects; they are generally much enlarged, sometimes mounted on a support (chipboard, galvanized iron, etc.) and often installed in the exhibition space. But more important, the process is largely digital, from the capturing of the image to its final printing, and it normally involves a manipulation of some sort—with Photoshop, the famous image-processing software.

Contemporary photography is often thus influenced by painting, by its codes and genres, by its modes of production and exhibition. This constitutes a singular historical reversion. While photography in the early days was thought to be killing the medium of painting, today painting seems to have returned within the photograph. What one may call pictorialism (to name this general trend after a specific historical movement) is not a new phenomenon: it was born at the same time as photography, and it has recurred regularly ever since, from impressionist photography to staged photography. But today, with the "digital revolution," it has become widespread indeed.

This is not to suggest, of course, that painting remains a dominant art form today. It is to suggest rather that painting remains the paradigm of the constructed image, and better than any other image it can provide models for constructing and perceiving digital images. The "new technologies," when they are new, are always represented in terms of older cultural forms, through familiar metaphors. This is well known by computer and software manufacturers, who present new operations in familiar formats, through a physical or graphic interface that imitates other, previously assimilated, practices. The Photoshop software provides a perfect example, borrowing much of the language, tools and operations of painting, drawing, collage and photomontage, with such commands as "retouch," "mask," "erase," "select," "crop," "paste," "move," "extract," and so on.[1]

At the same time, the digital technologies themselves offer new models, new metaphors, allowing us to rethink the previous technologies and practices—including painting and photography.

The computer as studio

This entire historical dynamic, the correlations between painting, analog photography and digital imaging, can be seen in the works of Nicolas Baier. Some of his images, in fact, are reflections upon the transformations in artistic practice, in the sites and instruments of art.

Similarly, the works in *Liquidation Niko & Cie* (1999), Baier conducts a photographic inventory of his possessions, or at least those objects in his immediate environment, in his apartment and studio. One photograph, for instance, shows the artist's workbench, which in no way corresponds to the romantic image of the studio, of artistic creation. Contrary to the disorder one might expect, the work shows a clean and orderly site, as if between projects. The tools are carefully stored, hung on the wall, arranged on the table, shelves and floor, and even sorted according to form or function. These are not typical art tools, but rather the tools of house painting and carpentry. The camera's frontal perspective, the tight framing and square format of the image all contribute to a prevailing sense of order. Even the line of the work-bench divides the image horizontally into two equal parts. And the photograph's subsequent digital divisions, along the lines of a perfect grid, further increase the orderliness of the workbench. But the image thus divided was also rearranged: certain fragments were

1 William J. Mitchell, *The Reconfigured Eye. Visual Truth in the Post-Photographic Era* (Cambridge, Mass.: The M.I.T. Press, 1992).

shifted, sometimes turned, even copied, seemingly in accordance with some complex or random system, but in fact for the eye, for purely aesthetic reasons. Through this image-processing, the real order of the workbench is transformed into visual chaos, an all-over composition.

And yet this link—both an intensifier and a tension—between the structure of the motif and the structure of the image has a metaphorical and even allegorical dimension. It is surprising that this image of the studio presents all the artist's tools, or almost all, save those that served to construct the image itself: camera, computer, software. The work thus establishes an analogy between the manipulation of real objects and the manipulation of digital data. But even more, it represents the passage from one to the other, the historical transformation, the radical break that made it possible. The instruments presented are unused, perhaps even useless. It is therefore not surprising that they are so tidily arranged, and reduced to a simple artistic motif.

In a more recent work, *Chiboukis* (2004), Baier makes use of one of the artist's newest instruments (and that of most creators today): the computer keyboard. Here the keyboard is subjected to the same processes as the workbench. The artist has not photographed but rather scanned several keyboards of diverse types, languages and colours. The images obtained were then divided into horizontal bands, into lines of keys, and the bands were then shifted and turned, etc. to form a new image. But the recomposed image is not a rectangle commensurate with the standard keyboard, but rather an immense square, as if the shape of the support were derived from the shape of the key itself, or inversely, the subject were derived from the shape of the support. Certain keys are white, others beige, grey, blue-grey, dark grey or black, and are carefully distributed on the surface. The whole thereby forms a geometric abstraction, almost pointillist, a monochrome work with an all-over pattern. With this particularity: the image is optical and tactile, for the eyes and for the fingers, like a text in braille.

The image is reflexive, revealing one of the means of its construction in a kind of artwork within an artwork, or *mise en abyme*, like a painting depicting a brush. But it is also reflexive insofar as its subject seems to anticipate digitization: unlike the majority of perceived objects, which are evidently continuous, the keyboard is clearly discontinuous. It even becomes a kind of metaphorical representation of the digital image itself: the keyboard is a surface, thus a discontinuous surface, made of regular keys of varying luminosity and colour, like mosaic tesserae, like pixel images. Moreover, they bear inscriptions belonging to syntactically and semantically disjointed systems—functions, typographic signs and letters—and all languages, perhaps to underscore both the arbitrariness of computer language and its wide currency—like the universal language that God destroyed to thwart the construction of the tower of *Babel* [2]. This image is thus dialectic: it seems to express a tension between analog and digital systems, between the continuous real and its discontinuous representation. But it could also convey the fundamental discontinuity of reality:

2 On certain keys, Baier deliberately erased the characters.

all of the world's objects, in fact, are discontinuous, sometimes on the level of naked appearance, but always on an atomic or subatomic level.

The works of Nicolas Baier thus spark a multitude of reflections on the history of artistic tools and on the sites of artistic creation. They are meditations on today's dialogues between brush, scissors and camera, between keyboard, mouse, screen and software, between studio and computer. The computer, with its hardware and software, its interfaces and peripherals, and the vast network with which it communicates, has now become both the principal tool and the favoured site for the creation of images.

The image as database

This reflection is taken to another level, a deeper one no doubt, in Baier's choice of another theme: the collection. His images have often represented sets of related objects. The workbench, for example, is already a collection, exhibiting numerous tools on a single piece of furniture. The keyboard as well, given that it presents a set of keys and signs. Similarly, *Liquidation Niko & Cie* presents several collections of objects, albeit arranged in different ways: a pile of perfectly aligned records (*Disques*, 1999), two piles of less orderly magazines (*National Geographic*, 1999), and a partitioned drawer containing various pieces of hardware (*Quincaillerie*, 1999). From the same series, *Ronds de maison* (1999) itemizes all circular objects found in close proximity: they were photographed, cropped, placed on the same scale and juxtaposed within the same large image. And *Biblio* (2001) depicts shelves full of books.

But *Petits riens* (2002) is exemplary in this respect, an inventory of small objects apparently selected by chance in the artist's immediate environment: mail, crumpled papers, string, keys, cigarette papers, matchbook, banknote, small change, brushes, crayons, scissors, rulers, measuring tape, condom, egg sunny-side up, crispbread, slice of smoked salmon, cell phone, remote-control, slice of pizza, pair of false eyelashes, coat-hanger, sock, sole of a shoe, bow-tie, a pair of glasses.... Baier patiently scanned each of these objects, one by one, one side after the other (as well as a large box of records, piece by piece, then the floor and an entire wall of the apartment). He then reconstructed the objects on computer before grouping them within the same image, in a state of disorder, floating as if by magic within the same space, in perspective. The photographer here becomes a kind of rag-collector who picks up the detritus of modern society, a junk-dealer.

One might think that, apart from the tools and sites of artistic creation, Baier's images reflect the materials—the artist's sources, his raw materials, everything that lies about in the studio. But the content of the collection is perhaps less important than its form. And the form of the collection is much more than a simple motif: it determines the very structure of the image. Already, with the frontal point of view and tight framing, the image often assumes the shape of the collection depicted. And then, depending on the mode of production used—whether mapping during the scan or cutting during the computer editing—the final image itself ends up structured like a collection, like a collage of images of the same size. Finally, by analogy, this additive structure betokens or commemorates the essential form of the digital image, i.e. a collection of pixels.

From its inception, photography has been used to create collections. In his inaugural report on the daguerreotype, read in the Chambre des députés and the Académie des sciences in 1839, Arago attested to the immense potential of the art, not only as an exact and immediate means of reproducing reality, but especially as a means of making inventories—of historical monuments in particular. Very quickly, the procedure was used in botany, geography, zoology, anthropology, medicine and anthropometry to create collections of images and images of collections.

But this usage has remained marginal, confined to scientific domains in particular. Historically, photography was used mainly to represent a *single* subject—a body, a landscape, an historical event—in an image of great *unity*—formal, spatial, thematic and narrative—and if not single, at least *autonomous*. The collection, even the most unified in theme, still betrays a certain heterogeneity on all levels: its space is often reduced to the surface of the image, like a table; its objects or images of objects, even if they appear to be of the same family, are still independent of each other; its form is made up of a simple juxtaposition, ordered or chaotic, but generally egalitarian, and so on.

Modernity has perhaps preferred the narrative to the collection, not only as a cultural form, but as a means of organizing data. Everywhere throughout history, in novels, in films, the narrative dominates—the linear narrative, causal and final, with a beginning, a middle and an end, a crisis and denouement. But the "digital revolution" offers a competing model, that of the *database*, the collection of information.[3] The model is hardly new—the library, cabinet of curiosities, museum and zoo were antecedents—but it has today become a dominant template for organizing knowledge, as well as a theoretical model and even a mode of thought. Baier's collections—his collections of images or image-collections—may be seen as both the representation of this new logic of the database and its perfect embodiment.

SELF-PORTRAITS, AUTOBIOGRAPHIES

Baier's collections, nonetheless, are always largely personal. Even if the artist's himself rarely represented,[4] the images—like those in *Liquidation Niko & Cie*, *Petits riens* and many others—document the places in his life and career, the objects that surround him. Although the artist may affirm that he proceeded more out of laziness than design, that many of the objects were not his own, or that certain apparently intimate images were taken not at his place but at a friend's, the fact remains that these places and objects are in essence his own, and as such, represent him.

3 On this question of the narrative, see in particular: Sean Cubitt, "Spreadsheets, Sitemaps and Search Engines: Why Narrative is Marginal to Multimedia and Networked Communication, and Why Marginality is More Vital than Universality," in *New Screen Media: Cinema, Art, Narrative*, under the direction of Martin Rieser and Andrea Zapp (London: British Film Institute, 2002) pp. 3-13; Lev Manovich, "The Database," in *The Language of New Media* (Cambridge, Mass.: The M.I.T. Press, 2001), pp. 218-243.

4 The artist appears, notably, in *Lévitation* (2001) and, of course, *Frise* (2003).

His collections can thus be seen as self-portraits. But they may belong even more to the genre of autobiography. The difference between self-portraiture and autobiography is not a question of media (there are literary self-portraits and visual autobiographies) but of time: the self-portrait is a depiction of the artist at a specific moment, while the autobiography is a narrative of his or her life, or a portion thereof.[5] Invariably, Baier's collections have a temporal dimension.

Already, through the magic of its title in particular, the inventories of *Liquidation Niko & Cie* are placed within a narrative framework: the disposal of stock after a bankruptcy, or worse, an estate auction, as if the exhibition were a second death. Through its great precision and strangely artificial construction, *Petits riens* would seem to depict an eternal present. But the objects assembled here belong to different times; with varying degrees of wear, they are not all the same age. Some are durable, others perishable; they correspond to distinct periods in the history of techniques; they represent diverse moments in the life of the artist. And it is possible that we will look (or are already looking?) at this work with a touch of nostalgia, as if it were a time capsule of the artist's past and a bygone world. The work's mode of production is also eminently temporal: the photograph is not a snapshot taken by a camera, but rather an image constructed slowly, day by day, month by month,[6] with a scanner that digitized each object independently, surface after surface, line by line, and with image-processing software that reconstructed each object, one after the other, including the final image.

In the two series from 2000—*28/29/30, Mardi, Septembre* and *05/06/07, Mardi, Octobre*—the personal collections also contain a strong temporal dimension. Each image from these two series is a digital composition of several photographs of the same site—a bedroom in the first, the corner of a living room in the second—taken from exactly the same point of view but at different moments: the light has changed, certain objects and pieces of furniture have been shifted, others have appeared or disappeared, the site has been emptied as if after a move, etc. The final composite is thus like a collage or palimpsest of several moments, the depiction of a long interval, of the passage of time.

In *Frise* (2003), the collection is also autobiographical since it represents the world of the artist in time. The work is in some ways a diptych, installed on the two sides of a floating wall. The front is made up of a set of family photographs and a few scattered papers, pinned directly onto the partition wall. The back is an immense scale reproduction of the first set of photos and papers. The juxtaposed images of the artist from different times combine to represent a life. Once again, the means of production of the two parts of the diptych was not instantaneous, as is normally the case with a photograph, but rather slow and largely manual work: on one side, the images were pinned one after the other; on the other side, they were digitized one by one, cropped, then rearranged into a single image.[7]

5 Philippe Lejeune, *Le pacte autobiographique* (Paris: Seuil, 1975).
6 This work took eight months to complete.
7 On these subjects, see in particular: Gilles Godmer, "the Anatomy of Domestic Life" in this publication; Anne-Marie Ninacs, "Pour un peu d'éternité," in *L'emploi du temps* (Quebec City: Musée national des beaux-arts du Québec, 2003), pp. 37-69; Jacques Doyon, "Objets de convoitise, objets de tractations," in *Objets de convoitise, objets de tractations* (Ottawa: Galerie 101, 2001); Emmanuel Galland, "Nicolas Baier. De la peinture par téléphone," in *CV photo* n° 52 (automne 2000), pp. 7-14.

Tempus fugit

The question of time can thus be considered central in Baier's works. Even when not clearly autobiographical, his images trigger disquieting reflections on the passage of time.

D'intérieur (2000), for example, is a simple representation of a potted plant. As with the triptychs, the subject was photographed several times at different moments: the camera remained fixed, but the plant moved and the light changed, from blue in the morning to orange in the evening. One of the photographs even shows empty space, as if the plant had finally vanished. *Morte* (2000) represents the same subject, exactly the same plant, some time after. The plant is dead, the leaves have fallen, the stalks have dried out. On this occasion, only one photograph was taken, but it was digitally divided into a multitude of miniscule parallelograms, then reconstructed in a largely random order. In the final work the plant is visible, but the image is scrambled—by itself. *Chrysanthème* (2001), in like fashion, associates the floral motif with the passage of time.

The piece created for the Integrated Engineering, Computer Science and Visual Arts Complex of Concordia University (2004) explores the same vegetal theme, photographed several times. But while the camera remained fixed (on a tripod) and the subject was moved in *D'intérieur* and *Morte*, here the subject remains fixed and the camera (hand-held) is moved. The final image is a composite taken not from a single point of view, but from several different ones. The process may seem more spatial than temporal, more cubist than futurist, but the multiplication of viewpoints serves to accentuate the temporal separation of the fragments, showing even better the passage of time at the heart of even the most immediate perceptions. Installing the composition on the facade of a building served to magnify this fragmentation of space and time. Semi-transparent, the image is itself modified by the variations of natural and artificial light, from morning to evening, day to night. The monumental image imposes a temporal experience on passers-by, who have difficulty seeing it all at once, instantly, and especially on the building's occupants, who never see more than a few fragments.

Capillaires (2002) clearly demonstrates this analogy—or even continuity—between plants and human bodies. The photograph of a spindly tree, taken against the light, was not substantially manipulated, but only tinted red, as if to transform the tree into a network of blood vessels. The image establishes a metaphorical and even genealogical link between the structure of a plant and that of a body, between the circulation of sap and that of blood, between vegetal growth and human growth. It thereby symbolizes life in general and, ipso facto, its brevity.

These images with vegetal themes demonstrate, more clearly than the others, the nature of the time represented in Baier's works: it is more organic and human than photographic, more the dialectical link between mechanical and human time.

Other works pursue these sublime reflections on another scale, evoking the vastness of cosmic time. In *Noir/Nuit* (2001), for instance, Baier separately photographed each of the tiny electric lights that shine inside our homes at night—on the clock, stove, display and keys of a cell phone, etc.—and then recombined them within the same black space. In the final image, this interior studded with luminous dots begins to take on the appearance of a starry sky of infinite magnitude. Similarly, in *Cinémascope* (2003), Baier simply turned on the scanner to digitalize, several times, the empty glass surface. In the final image, the dust on the glass, the traces and marks left by time, appear against an equally dark background and also begin to resemble outer space. And our experience of the image, like our entire lives, is thus poised between two infinities, between the infinitely small and the infinitely large.

In Baier's works digital technologies are not used to simulate and replace reality (as Baudrillard would say), but always to document it: even if the image is ultimately digitalized and repeatedly manipulated, the initial shot is still the foundation of the image; and the indexical character of the photograph, its attachment to reality, remains fundamental.

These technologies, moreover, are not used to deny time and produce an absolute simultaneity (as Virilio would say), but on the contrary to represent time's inexorable passage. It is true that the haphazard reordering of the images seems to contradict the coherence, the chronology of time. But the final image always retains the memory of the various captured moments, and especially their temporal differences. In this respect, these works are dialectic: they both manifest and deny the elapsing time, as if to ward off its progress.

It is remarkable how these images, even the most ordinary, are conditioned by death, by the passage between animate and inanimate. *Lévitation* (2001), for example, shows the artist floating in space; *Oli* (2001) combines the image of a sleeping individual with another who is walking; *Sujet bas* (2003) presents a plastic foot that seems to be walking on tiptoe; and in *Atelier* (2004) a dead cat seems to be running, etc. And then there is *Stèle* (2003), in which a door pane is covered by an old black bag. The closed door (without a handle), the obstructed light, the plastic that hangs like skin and, of course, the title, all combine to give the image a strange funereal dimension. The same is true of *Monolithe* (2004), which also presents a closed door, but this time it is even more opaque and made of marble, as cold as a crypt.

Uchronias and utopias

While Baier's photographs are largely documentary in nature, they still contain a strong fictional dimension: they are usually manipulated, staged at the moment of the captured image, and finally composited by computer.

The sites and objects, in fact, are rarely documented as such. They are arranged and rearranged according to the needs of the documentary fiction: most of the objects appearing in *Petits riens* (2002), for example, were purchased for the occasion; some of the dust in *Cinémascope* (2002) was deposited on the bed of the scanner; one of the rooms photographed in *Lit d'atelier* (2000) is a set piece constructed in the studio; the plant in *D'intérieur* (2000) was moved between photographs; in the two triptychs, certain items were added, removed or shifted; often the lighting was modified during the shoot, and so on. All of these actions were designed to simulate life, the passage of time over the course of a day, a week, a month.

In addition, the captured images are generally transformed via Photoshop: they are not only obviously cut and reconstructed, but also discretely retouched. In *Frise* (2003), for example, certain portions of the photographic reproduction of the wall were modified—a drawing altered, one person replaced by another, etc.; in *Labo* (2002) the strange cube in perspective formed by the squares of the floor was digitally constructed;[8] in *Stèle* (2003) a door handle was erased; in *Janvier* (2003) three photographs were composited in such a way that the final image seems to be a realistic miniature of a real woman, etc.

Sometimes the manipulations are obvious (the subject is too implausible and/or the image bears the marks of compositing), while other times the manipulations are invisible (the traces have been carefully erased and the subject is realistic). Oftentimes, the viewer cannot discern whether the photograph has been altered or whether things actually occurred in the way presented: the image remains ambiguous and the reality uncertain, as in the paintings of Magritte or surrealistic photographs, in which chance seems objective and reality surreal. The viewer hesitates between belief and incredulity.

Baier's recent works are thus ambiguous. Some are the result of compositing, including *Chasse/Chasseur/Chassé* (2005) and *Perspective/Retour* (2005), which are each simple collages of two images, one inside the other. Through their heterogeneous subjects, forms, values, lighting, colours and textures—a snowy landscape and a mineral material; a misty landscape and the facade of a building—they create various dialectics: between the hunter and the hunted, interior and exterior, large and small, etc. Others, conversely, seem like untouched snapshots, such as *Le Canada est dans le marécage d'un terrain de golf à Laval* (2004) and *Le Canada est peinturé dans le coin d'un vieux pénitencier à Laval* (2004). One shows a silty deposit on the surface of a stagnant pool, the other a chipped wall, which the framing and title transform into a geographical map, as if a detail of the world could contain a representation of the world—or at least the geopolitical whole to which it belongs.

Ultimately, the digital technologies in the works of Nicolas Baier are not used to document reality *stricto sensu*, or to invent another reality, but rather to introduce the imaginary within the real, fiction into real time and space, as if to ward off space, time and death. Which is no doubt one of the functions of utopias and uchronias.

Planète (2002) presents the surface of a round table, which our eyes happily peruse, as though it were an abstract painting. But suddenly, within a dark detail, within the infinitely small, an entire landscape appears: a beach with yellow sand, a turquoise sea, a man and a woman. Under the disintegrating coats of paint, a beach. Beneath time, utopia.[9]

(Translated by Jeffrey Moore)

8 The original photograph is N.1, 2001.
9 The "chronotope" in the title is freely borrowed from Mikhaïl Bakhtine, *Esthétique et théorie du roman* (Paris: Galllimard, 1978), p.237. The term, originally derived from mathematics, denotes the interdependence of space and time established in Einstein's theory of relativity.

Where Are the Definite Poetic Sites?

Nicolas Baier

Definite sites? How is it that everything is full of life, constantly, from the deepest innards to the outermost surface? Aren't our observations of this life a sort of music we make with our eyes, a projection of self into the other?

I make images as a way of holding my arms out to others, of reaching and helping others while I help myself. I imagine the spectator as a fog of emotional possibility, where laughter and tears meld, where seduction is no longer necessary because one is already in contact with the "real" through the act of observation, within a maze of mixed inner visions, with a gaze that looks from the heart.

"Everyone should paint, or take photographs, or make films, videos, music, write." I've renounced that claim for a more "practical," probable solution: everyone should look, listen, absorb and filter established codes, reinvent meaning. Every object, every landscape, every view offered us, every instant as it files past, and every human sentiment, all have the potential for pain and happiness, and between these two states lies every gradation of colour. This is the most comforting thought I know.

Are my photos paintings?
It's funny, but they are, in a way. Painting, for me, is a way of observing things, a collection of scattered or grouped associations that, through inventive personal imagery, draws one closer to a reality that is increasingly hidden: the imaginary, dreams, transformed memories.

People often forget that, first and foremost, I make photos.

Since beginning my practice, I've tried—and this is the common thread that unites my work—to photograph the *unphotographable* and to capture the invisible. It's a quest to do the impossible, the creation of new worlds.

In this way, I share the same objectives, the same utopian ambitions of many early photographers, forerunners of the black box, researchers, the 19th century inventors of the early stages of photography whose primary objective, from the first appearance of these new images that attempted to faithfully represent reality, was to see that which is invisible to the naked eye.

Since the exhibition *Liquidation Niko & Cie*, this has been the driving force of each of my pieces. I have played with specific strategies, taken various detours to arrive at each image. I have tried to create breaks, delicate splices, hoping to construct distinct dialogues between disparate items that I then join together, in "picture time."

Here are a few examples:

Radiography
The network of blood vessels in *Capillaires* is actually part of a tree, with its branches shot from below. I wanted a medical photo, something *stethoscopic*. This was the quest for *Cinémascope*, *Planète*.

Telescope, microscope
The cosmos, constellations and the galaxies of *Cinémascope* are nothing more than a mass of digitized dust, just as our bodies are in effect nothing more than a mass of stardust, or just as the textured underside of a kitchen table was the raw material for *Planète*.

The macro
The scans of *Petits riens* are magnified to the point that the usual reference points of photography and the known world are lost in a visual cocktail. The image has been "captured" in another manner: digitization transforms reality into illustration—a floating, abundant, incomprehensible jumble.

The snapshot
Or the art of not living in the present, of being absent in the present. *Sujet bas* is the only real snap-shot in my work. The dummy foot within the frame is furtive, it seeks out silence, it wants to be forgotten, it walks on eggshells, on a carpet, in its sock. It wants to be forgotten, to disappear. Its absent body—whose gesture, pose, we sense—is erased.

Night-vision
Absinthe is an attempt to get at the heart of a night of drinking. A still life, a vanitas of alcohol. The omnipresent pixels appear under a green glow (similar to the TV images of the wars in the Gulf and in Iraq). It all presents itself as a devastated city, crowded with the corpses of cans of beer, bottles and cigarettes under a wash of absinthe green.

The supernatural
From the earliest days of photography, attempts have been made to capture paranormal phenomena on film: extraterrestrials, sea monsters, spiritual mediums, yetis, moth men, gnomes, and imps. With *Janvier*, I wanted to expand on these attempts, adding the notion of solitude, and contrasts between the small (the interior, the body) and the large (the exterior, the world, the universe).

Martin H., Martin D., Emmanuel G., Marie-Claude B. & Yan G., Michel S.-M., François L., Alain P., Patrick C., Frédérick B., Samuel L., Jacinthe P., etc.
Digital photography permits the creation of unusual composites. That which was not a part of my intentions appears as a double delusion when my work is brought face to face with the public. The first delusion is linked with the effect described above: the subtle digital manipulations—taken from anachronistic compositions and points of view—are made possible through erasure. Meeting the public, hearing their comments, criticisms, is to realize how much a second, unpremeditated deception has come about. Everyone—intellectuals, art lovers, informed visitor-viewers or not—takes it for granted that my work is autobiographical in essence. This audience seems to spontaneously project themselves into my interiors, my studios, taking these iconic cues as though they were mine. On the contrary, most of the time these source-images originate from many other horizons. These horizons are, all the same, reduced to my private sphere: that of work, fortuitous meetings or friendly visits, happy coincidences. As such, one could describe my images as a kind of auto-fiction made up of appropriations, movement, construction, and splices.

It is not the objective of this text to unmask everything, so we'll leave it at that.

(Translated by Jennifer Westlake)

Nota Bene

Interview conducted by Emmanuel Galland

What's your definition of beauty?
Beauty doesn't exist. It's something we project onto objects, paintings, films, and experiences. Everything is inanimate; we are the ones who confer an aura on *things*. When this takes place, a sense of admiration—a sweet taste—is released.

What is a good image?
It's when the power of evocation surpasses plasticity and resonates. Then, between the two—in a random back-and-forth movement—arises an authentic complicity, an intention to create a meaningful synthesis.

I knew you when you had a studio at la Galerie Clark, a place of artistic production, a place for your tools, for drunken parties, sofa beds (the studio as bachelor pad): all these worlds in one conclave. Today, in the new Clark centre—www.clarkplaze.org—your studio is a warehouse, while at your home your computer, ruling from its throne in the middle of your living room, seems to have become a studio-receptacle—a compression of your multiple fantasies and experiments. Fine handy work in a relatively sanitized environment has replaced the scaffolding surrounding what can be laborious work (woodworking, renovations, design, etc). What of the studio space?
I don't need it. My studio is everywhere I find myself, wherever my eyes turn. In this sense, it's both vast and nowhere in particular all at once. Ideally, I would have a very large, airy space to hang things, test them out, to explore. It's difficult to imagine, looking at a screen, how a photo will look full scale. All the same, that's essentially how I work. This results in good and bad surprises once the pictures are printed in large format or installed. So, regarding my workspace, there's lots of room for improvement.

How do you respond to people who say that your work is just Photoshop 101?
They're right. I'm neither a sculptor nor a craftsman. All the maneuvers, from the moment a shot is taken, to later digital manipulations, are breathtakingly simple.

In Quebec, Alain Paiement, Roberto Pellegrinuzzi, Raymonde April, Jocelyne Alloucherie, Geneviève Cadieux, Angela Grauerholz, Sorel Cohen, Lynne Cohen, Gabor Szilasi, Charles Gagnon, Serge Tousignant, Donigan Cumming, Evergon, Dominique Blain, Holly King, etc. preceded you as photographers who count in a period when photography took its place in the contemporary art world.
I don't see myself doing any better—better than what, than whom? If you're talking strictly in terms of exhibiting, or sales, I'll leave it to others to make those comparisons—or to you, if you feel like it. I don't see any reason to force things; happiness certainly is not found that way. Where does this unhealthy need to make comparisons come from?

What is the nature of your engagement?
It's of a poetic nature. I think that, with time and experience, poetry can attain a state of altruism.

Could not one say that your creative process is simply an eternal, obsessive self-portrait of a young, white, North American?
Why not? All the symptoms are there. That said, I only rarely photograph the places where I live. To the extent that I photograph the places or sites I find myself in, the photos are a self-portrait. Young? At what age are we no longer young? There are hardly any humans in my images, and when there are, they are less and less identifiable. You can put labels on everything, but what they say will always be the opinions of those who made the labels. Is there a particularly American way of doing things? Environments obviously communicate something, but which environments are we speaking of? Bathroom floors, snowy alleyways, abandoned garages, abandoned sites, a young man's room, an artist's kitchen, woodworking shops, forests, a sunny or shady wooded area, a turbulent lake, a jumbled bookshelf, the space where a flower dies, or one where a couple undo themselves, disintegrate on a planet of their own invention, a magnified cosmos, a frozen mountain, an inhabited sky, the space where a cat hides itself to die, freshly washed dishes, a sound that sends you to sleep and loses you, communicating vessels, etc. Are these spaces particularly occidental? If you have to label them, go ahead! I will leave you with that responsibility. There are no more dividers in my filing cabinets.

What do you think of the big public art projects, the "one-per-cent" projects[1], like the large-scale work you made for the Integrated Engineering, Computer Science and Visual Arts Complex on the Sir George Williams campus of Concordia University?[2]
You have to be careful. There are very concrete risks in a project of that scope. The constraints are numerous, multiple constraints, and I'm not just talking about technical and economic limitations, I'm referring to the social burden, the pressure and subordination that comes from even the idea of a collective work (and from working with sometimes heterogeneous media) and from the initial project description (which establishes a relationship with those responsible for the space, with users, members of the public within a fixed, secure framework). You don't get to create whatever you want to. Nor do you get to work quietly on your own. Note that artists are not the most gregarious of people. I'm learning. In the meantime, the lawyers are earning their fees.

Is there a risk that, with the democratization of photography brought about by digital cameras, the value of the photographed image is being diminished?
Not as long as the image lives. I'm harnessing the non-photographable and am looking for a tool up to that task. I'm interested in what is invisible to the naked eye. Observation, framing, and digital treatments are the meat of my work. The way I look at the world has more to do with the origins of photography (the micro, the macro, reaching or representing planets, the invisible and chimera, etc.) than with contemporary digital tricks. What's great about digitization is that its immediacy eliminates even the very idea of work. The result is real consciousness: there is a more tangible connection with observation itself, a fusion of concept and practice, something more direct and more pure.

You know that most of your photos are found in private collections, in some cases in the lofts and condominiums that are currently mushrooming throughout Montreal. Those remodeled industrial spaces, those revamped manufacturing buildings are the very sites where now ousted artists-artisans-art-workers used to work. Their studios are endangered by unscrupulous real estate developers... The new municipal slogan "Montreal, International Cultural Metropolis" and the city's new cultural development policy can't stop this galloping gentrification.
There's no such thing as clean money. And where there's smoke, there's fire.

1 Québec's policy of integrating art and architecture with public buildings and their surroundings, commonly referred to as the "one-per-cent program" (or, in French, La Politique d'intégration des arts à l'architecture et à l'environnement des bâtiments et des sites gouvernementaux et publics). Information about this program is available in French at www.mcc.gouv.qc.ca/artslett/integration-arts.htm
2 One of his collaborations with Cabinet Braun-Braën. www.cabinetbb.com

What do you say to people who claim that you'll do anything, in any old way?
Once again, they're right. I don't see any problem in giving my imagination and impulses free reign. I'm not a mathematician. There's nothing exhaustive about my work, I go from work to work in a game of leapfrog. Reworking a particular genre or model until I'm done with it doesn't interest me. I prefer to let myself go. I chose this profession because it allows for a lot of freedom. It's an imprisoning freedom, exhibiting, facing oneself, naked. I don't really have a plan, a path, or a program. I don't want one. I don't feel like building up a neat, high wall with orderly bricks. I don't want any mortar (made up of too many explanatory documents and indecipherable premises) in my constructions. I prefer to build up an accumulation, a mass where the sum built total is built by entanglements, a precarious balance, by haphazard juxtapositions: a logjam, a little natural dam, or a village that's been built up over time, without any planning, that doesn't look like much, yet has everything you need.

To what do you attribute the passage from your interior world (of work and domesticity) of the last few years to the images of nature that you are now working on: 1- the exhausting of your sources of imagery; 2- the call of the wild; 3- a desire to illustrate the "great Canadian landscape"; 4- funding from Parks Canada?
It's the same thing, the same quest; I don't see any difference. I'm just working within the field of poetry, which is vast. I've only shifted the camera's axis; I'm still planted in the same spot. In this exercise of continuous observation, time takes its place. It's the relationship with the real that matters. I don't have the sense of redoing the same "picture," it's more that it's the same work, with variations. The emotive charge I perceive in a site, a jumble of objects, or particular lighting that speaks softly to no one. That's what's important to me.

Since you got your start as a painter with precocious success in terms of sales while still a student (with your exhibition at the VAV Gallery at Concordia University), and continued by working with sculptural and digitally manipulated photography as a professional artist, will you wind up your career as a senior artist with new work in plasticine, or maybe knitting?
Whatever. I could see myself returning to painting, sculpting with matchbooks, playing with clay... nothing is set in stone.

Have you lied during this interview?
Yes—but you're the one who says so!

(21-02—28-03-05)

(Translated by Jennifer Westlake)

Playing with Art History

Nicolas Baier at the Montreal Museum of Fine Arts

Stéphane Aquin

The various collections that make up an encyclopaedic museum form relatively autonomous ensembles. The works are grouped according to category: Islamic art, Greco-Roman antiquities, Pre-Columbian art, Old Masters, contemporary art, and so on. This, at least, is the situation at the Montreal Museum of Fine Arts. There are few exhibition spaces where categories overlap. At most, one might see a few paintings from the same period or school displayed alongside objects in the galleries of decorative arts. But never furniture by Frank Gehry next to a Flemish still life. There are limits, in the real world, to the imaginary museum. Under the gallery spotlights, the objects—History's orphans—are rarely favoured by the presence of strangers. A "natural" force of attraction seems to push them towards their peers.

It was therefore with an enthusiasm not entirely devoid of scepticism that we responded to the suggestion by Nicolas Baier—represented in the Montreal Museum of Fine Arts' collection since 2000—that he introduce examples of his photographic work into our various collections. The idea (fruit of a brainstorming session between the artist and his friend and collaborator Emmanuel Galland) was an appealing one in these days when contemporary art and museums are seeking to increase mutual dialogue. But what would the concrete result be? Can a Photoshop-enhanced photograph cohabit with a painting from the 17th century? And if so, what would be the significance or impact of such a marriage?

Baier provided us with working prints of about a dozen of his recent pieces, involving diverse themes and processes: forest scenes, urban landscapes, "abstract" compositions, unmodified shots, digital images. With only a couple of exceptions—the two "maps" of Canada to be placed among paintings by the Group of Seven—the artist had no definite ideas in mind. Several possibilities emerged from a quick consultation with curatorial colleagues: the keyboards of *Chiboukis* would fit perfectly with modern decorative arts objects—or maybe even better with Paleo-Christian mosaics; *Harpie*, with its pronounced chiaroscuro, could go in the gallery featuring works by the Caravaggisti. And so on. Our function as presenters of art history was turning into a card game, one where the only rule was that the play of associations—visual, iconographic, chromatic—be entirely free.

Although some of our suggestions were retained, most were judged too thought-out and predictable. Once in the galleries, Baier operated strictly on instinct. Confronted with a painting or a group of works, he would suddenly see one or other of his images. His reactions were lively, his decisions rapid. He asked few questions about the content of the works he was about to disrupt, and apparently had little interest in the consequences of this playing with the treasures of the past.

Now that the project has crystallized—and the cards are dealt—I'm astonished at the aptness of his suggestions. Each intervention, even the most discreet, sharpens our perception of the whole, emphasizes some particular aspect of the surrounding works. The installation of *Monolithe*, for example, focuses our attention on the geometry of Islamic art, and its penchant for hard, smooth surfaces. In the contemporary art galleries, the association game offers a new perspective on the neo-primitive iconography of German artist A. R. Penck. Placed alongside his abstract *Cité*, at the bottom of which can be discerned a miniature human procession, *Le début de la chasse au lion* is no longer just an imaginary sign of survival in a natural environment but a reminder of the primitive nature of all social organization and of present-day civilization. Two pictures of the same reality. Even Vlaminck is shown in a new light. Forced into proximity with *Perspectives/Retour*—whose embedding of one image into another (the façade of a building into a forest landscape) repeats and geometricizes the motif—*Rueil près de Paris* takes on an almost Cubist look: a cluster of rectangles seen through a grid of trees. The work in fact dates from 1912, when Cubism reigned.

The visual arts help us to better see the world. Baier's work helps us to better see certain moments in the history of the visual arts. In so doing, they reveal contemporary art's relationship to that history, which is one of chronic mobility. Taken together, Baier's interventions in the displays of the Museum's collections can actually be read as a kind of inventory of the various stances open to an artist: mimetism, critical distance, political commentary, aesthetic irony, poetic revival... In one instance Baier uses "maps" of Canada found on the wall of a dilapidated prison and in a swampy pool to mock the fabricated character of the national landscape. In another he breathes new life into the Caravaggesque tradition with a magnificently lit alley scene. Elsewhere, the artist seeks to blend into the surroundings, adopting a chameleon-like approach that could be seen as a denial of the present, a desire to obliterate the self. It is as if we are watching the acrobatic feats of an actor playing all the parts in a play at once, switching randomly from one to another. But is he really playing?

(Translated by Judith Terry)

BIOBIBLIOGRAPHIE

Nicolas BAIER
Né à Montréal, en 1967.
Vit et travaille à Montréal.
Prix Pierre-Ayot 2000
www.nicolasbaier.com

Expositions individuelles

2006
Nicolas Baier — Tableaux de chasse, Musée des beaux-arts de Montréal, Montréal. *

2003
Nicolas Baier : Scènes de genre, Musée d'art contemporain de Montréal, Montréal [itinéraire 2004-2006 sous le titre *Nicolas Baier : Scènes de genre (Genre Paintings)* : Galerie d'art du centre culturel de l'Université de Sherbrooke ; Mendel Art Gallery, Saskatoon ; Dalhousie Art Gallery, Halifax]. *

2001
Nicolas Baier, Galerie René Blouin, Montréal.

Nicolas Baier, L'Œil de Poisson, Québec. — Exposition organisée en collaboration avec le centre VU, dans le cadre de la *Deuxième année photographique de Québec*. — Avec Michel St-Martin. *

Nicolas Baier: Recent Work, Gallery TPW (Toronto Photographers Workshop), Toronto.

2000
Nicolas Baier : Charte, Optica, un centre d'art contemporain, Montréal.

1999
Nicolas Baier : Liquidation Niko & Cie, Centre des arts actuels SKOL, Montréal. *

1995
Nicolas Baier : Installation-vidéo [*T'en souviens-tu quand nous étions ensemble ?*], Galerie Clark, Montréal.

1993
Nicolas Baier : Les Îles blanches, Galerie Clark, Montréal.

1992
Quelques Peintures, V.A.V. Gallery, Université Concordia, Montréal.

Œuvre *in situ*

2004
Sans titre, Pavillon intégré Génie, Informatique et Arts visuels, Université Concordia, Montréal. — Œuvre *in situ* réalisée en collaboration avec le cabinet de design Braun-Braën, dans le cadre du Programme d'intégration des arts à l'architecture et à l'environnement du ministère de la Culture et des Communications du gouvernement du Québec.

Résidence d'artiste

1999
Atelier d'estampe Sagamie, Alma.

Commissariat d'expositions

1998
Les Bricolos, Centre d'art et de diffusion Clark, Montréal. — Commissaires : Nicolas Baier et Emmanuel Galland. *

1996
Valérie Blass, Hugo Brodeur, Raphaëlle de Groot, Ani Deschênes, Martin Valiquette, Galerie Clark, Montréal. — Commissaires : Nicolas Baier et Marie-Claude Bouthillier.

Principales expositions collectives

2005
Contemporary Photographic Art in Canada: *The Space of Making/Zeitgenössische Fotokunst aus Kanada*, NBK Neuer Berliner Kunstverein, Berlin [itinéraire (2005-) : Städtisches Museum, Zwickau ; Kunstmuseum, Heidenheim ; Städtische Galerie, Waldkraiburg]. — Exposition organisée par VOX image contemporaine/contemporary image (Montréal), en collaboration avec le Neuer Berliner Kunstverein. *

Natures, Galerie René Blouin, Montréal

2004
Comment devenir artiste, Maison de la culture Plateau-Mont-Royal, Montréal ; Musée des maîtres et artisans du Québec (Cégep Saint-Laurent), Saint-Laurent. *

Repères : art canadien contemporain. Dix ans d'acquisition, Musée des beaux-arts de Montréal.

2003
Acquisitions récentes, Musée d'art contemporain de Montréal, Montréal.

Des espèces d'espaces, VOX, image contemporaine/contemporary image, Montréal [itinéraire : Tinglado 2, Tarragone]. — Exposition organisée en collaboration avec le COPEC, Culture de Catalogne et la Mairie de Tarragone. *

L'emploi du temps. Acquisitions récentes en art actuel/Timepieces. New Acquisitions in Contemporary Art, Musée national des beaux-arts du Québec, Québec. *

Les affiches ne meurent jamais, Artexte, Centre d'information en art contemporain, Montréal. — Projet d'édition et d'exposition organisé par le Centre d'art et de diffusion Clark et Artexte (Montréal), en collaboration avec les éditions Le Bleu du ciel (Bordeaux). *

Regards sur les Prix Louis-Comtois et Pierre-Ayot, Maison de la culture Côte-des-Neiges, Montréal [itinéraire (2003-2005) : présentation dans divers lieux municipaux de la Ville de Montréal].

2002
Les Enjeux de la représentation, Musée du Québec, Québec.

Œuvres des artistes de la galerie, Galerie René Blouin, Montréal.

Officina America/American Atelier, Galleria d'Arte Moderna, Villa del Rose, Bologne ; Chiostri di San Domenico, Imola ; Galleria Comunale ex Pescheria, Cesena ; Palazzo dell'Arengo, Rimini. *

Une mise en ordre. Forme et expression dans la pratique photographique canadienne, Musée canadien de la photographie contemporaine/Canadian Museum of Contemporary Photography, Ottawa.

2001
Do Try This at Home, Mount Saint Vincent University Gallery, Halifax. *

Objets de convoitise, objets de tractations/Objects of Covetousness, Objects of Dealings, Galerie 101, Ottawa. *

Paysages, Galerie Roger Bellemare ; Galerie René Blouin ; Galerie Lilian Rodriguez, Montréal.

La Photographie découpée, Galerie Art Mûr, Montréal.

La Vie en temps réel : Mode accéléré/Life in Real Time: Quick Mode, VOX, image contemporaine/contemporary image, Montréal. *

2000
Tout le temps : La Biennale de Montréal/Every Time: La Biennale de Montréal, Palais du commerce, Montréal. — Événement organisé par le CIAC / Centre international d'art contemporain de Montréal. *

1998
Échange Montréal/Calgary 1998/1998 Montréal/Calgary Exchange, Centre d'exposition CIRCA, Montréal [itinéraire : Stride Gallery et Truck Gallery, Calgary ; Centre d'exposition CIRCA, Montréal]. *

1997
De fougue et de passion, Musée d'art contemporain de Montréal, Montréal. *

1995
Les Ateliers s'exposent 1995, Cobalt Art Actuel, Montréal. *

De la disparition, Galerie Verticale, Laval. *

1994
Partly Human/Parcialmente Humano, Galeria de Arte Moderno de Guadalajara, Guadalajara. *

1991
Exposition des étudiants et étudiantes du premier cycle, Galerie d'art de l'Université Concordia, Montréal.

Principaux textes dans catalogues et livres

2005
Aquin, Stéphane. — « L'histoire de l'art en jeu : Nicolas Baier au Musée des beaux-arts de Montréal ». — Nicolas Baier. — Montréal : Musée d'art contemporain de Montréal ; Musée des beaux-arts de Montréal, 2005. — En anglais, sous le titre « Playing with art history: Nicolas Baier at the Montreal Museum of Fine Arts », p. 128-129. — P. 90-91

Asselin, Olivier. — « Chronotopes. Les fictions numériques de Nicolas Baier ». — Nicolas Baier. — Montréal : Musée d'art contemporain de Montréal ; Musée des beaux-arts de Montréal, 2005. — En anglais, sous le titre « Chronotopes. The digital fictions of Nicolas Baier », p. 109-117. — P. 15-24

Baier, Nicolas. — « Nota Bene ». — Nicolas Baier. — Entretien avec Emmanuel Galland. — Montréal : Musée d'art contemporain de Montréal ; Musée des beaux-arts de Montréal, 2005. — En anglais, sous le titre « Nota Bene », p. 123-126. — P. 31-34

Baier, Nicolas. — « Où sont les lieux sûrs de la poésie ? ». — Nicolas Baier. — Montréal : Musée d'art contemporain de Montréal ; Musée des beaux-arts de Montréal, 2005. — En anglais, sous le titre « Where are the definite poetic sites?, p. 119-121. — P. 27-29

Godmer, Gilles. — « Anatomie de la vie domestique ». — Nicolas Baier. — Montréal : Musée d'art contemporain de Montréal ; Musée des beaux-arts de Montréal, 2005. — En anglais, sous le titre « The anatomy of domestic life », p. 101-106. — Texte déjà paru (en français et en anglais) dans Gilles Godmer, *Nicolas Baier : scènes de genre*, Montréal : Musée d'art contemporain de Montréal, 2003, 24 p. — P. 7-12

2004
O. P. — « Nicolas Baier & Michel St-Martin ». — Le vertige de l'évidence : 2e Année photographique à Québec. — Essai de Gilbert Boss et Lisanne Nadeau ; analyses de Rodrigue Bélanger et Viviane Paradis ; précédé d'une introduction par André Gilbert. — Québec : VU, Centre de diffusion et de production de la photographie, 2004. — P. 88-89

2003
Jean, Marie-Josée. — « Quelques récits d'espaces ». — Espècies d'espais = Des espèces d'espaces. — Montréal : Vox, centre de diffusion de la photographie, 2003. — En catalan, sous le titre « Alguns relats d'espais », p. 061-067 ; en anglais, sous le titre « Some narratives on space », p. 079-083. — P. 051-059

Ninacs, Anne-Marie. — « Pour un peu d'éternité = For a piece of eternity ». — L'emploi du temps : acquisitions récentes en art actuel : Raymonde April, Nicolas Baier, Mathieu Beauséjour, Stéphane La Rue, Rober Racine. — [Québec] : Musée national des beaux-arts du Québec, 2003. — P. 37-69

2002
Barilli, Renato. — « Per una nuova sensibilità pittorica ». — Officina America : rete Emilia Romagna. — Milano : Mazzotta, 2002. — En anglais, sous le titre « Toward a new painterly sensibility », p. 34-37. — P. 18-21

2001
Doyon, Jacques. — « Objets de convoitise, objets de tractations ». — Objets de convoitise, objets de tractations. — Ottawa : Galerie 101, 2001. — P. [1]

MSVU Art Gallery. — « [Nicolas Baier] ». — Do try this at home. — Halifax : Mount Saint Vincent University, 2001. — P. 20-21

2000
Gale, Peggy. — « Nicolas Baier ». — Tout le temps : la Biennale de Montréal 2000 = Every time : la Biennale de Montréal 2000. — Montréal : CIAC/Centre international d'art contemporain de Montréal, 2000. — P. 30-33

Galland, Emmanuel. — « De la peinture par téléphone ». — D'intérieur. — [S.l.] : [s.n.], 2000. — Affiche-dépliant. — Version augmentée du texte paru dans *CV Photo*, n° 52, p. 7-14. — N. p.

Pelletier, Sonia. — « Nicolas Baier : Liquidation Nico & Cie : détours et détournements ». — SKOL 1999-2000. — Montréal : Centre des arts actuels SKOL, 2000. — 4e livret de programmation

1998
Baier, Nicolas ; Galland, Emmanuel. — « (P) Rions un peu ». — Les Bricolos. — Montréal : Centre d'art et de diffusion Clark, 1998. — Affiche-dépliant

Duhamel, Patrice. — « Latex Tab. Syn. 2 ». — Montréal – Calgary : échange. — Montréal : Centre d'exposition Circa, 1998. — Texte en français et en anglais. — P. 10-11

1997
Lussier, Réal. — « Introduction ». — De fougue et de passion. — Montréal : Musée d'art contemporain de Montréal, 1997. — P. 9-13

1995
Baier, Nicolas. — « [Nicolas Baier] ». — Les Ateliers s'exposent 1995. — Montréal : Centre de diffusion en arts visuels Cobalt, 1995. — P. 16

Toma, Cristina. — « Nicolas Baier ». — De la disparition : Nicolas Baier, Ariane Dubois, Bertrand R. Pitt. — Laval : Galerie Verticale, 1995. — P. [1]

1994
Blatherwick, David. — « Partly human = Parcialmente humano ». — Partly human = Parcialmente humano. — [Guadalajara, Jalisco : Galeria de Arte Moderno de Guadalajara, 1994]. — N. p.

Principaux textes dans périodiques

2005
Delgado, Jérôme. — « Naturellement artistique ». — La Presse. — (28 août 2005). — Cahier « Arts et spectacles ». — P. 8

Delgado, Jérôme. — « Art public : Nicolas Baier ». — La Presse. — (6 janv. 2005). — P. LP-22

Mavrikakis, Nicolas. — « René Blouin : les goûts sont dans la nature ». — Voir. — Vol. 19, no 33 (18 août 2005). — P. 16

2004
« Caption only ». — The Gazette. — (Sept. 29, 2004). — P. A-6

Baillargeon, Stéphane. — « Portrait de l'artiste en “chialeux” et en surdoué ». — Le Devoir. — (6 déc. 2004). — P. A-1

Campeau, Sylvain. — « Intérieurs. En vrac ». — ETC Montréal. — N° 65 (mars/avril/mai 2004). — P. 45-47

Crevier, Lyne. — « Têtes fortes 2004 ». — Ici. — (8/14 janv. 2004).

Lamarche, Bernard. — « Artiste un jour, artiste... ». — Le Devoir. — (18 déc. 2004).— P. E-5

Mavrikakis, Nicolas. — « Nicolas Baier : format géant ». — Voir. — Vol. 18, n° 41 (14 oct. 2004). — P. 14

Westlake, Jennifer. — « Leafy exterior mural will become a downtown landmark ». — Concordia's Thursday Report. — Vol. 29, no. 3 (Oct. 7, 2004). — Aussi en ligne.

2003
« Architecture artistique ». — Le Devoir. — (29 sept. 2003). — P. B-4

« Changing of the guard ». — Canadian Art. — Vol. 20, no. 4 (Winter 2003). — P. 56-63

« [Nicolas Baier] ». — L'Espace Vox. — N° 7 (juin 2003). — Texte en français et en anglais. — P. [7-8]

Cantin, David. — « De visu : le temps en question ». — Le Devoir. — (15 févr. 2003). — P. F-8

Crevier, Lyne. — « Accents toniques : Nicolas Baier dresse la part cachée de soi, de l'autre, voire de l'univers, par touches fragmentées ». — Ici. — (2/8 oct. 2003). — P. 34

Crevier, Lyne. — « Les tableaux-pièges de Nicolas Baier ». — Vie des Arts. — Vol. 48, n° 192 (automne 2003). — Dossier : « Photographie ». — P. 39-41

Delgado, Jérôme. — « Le grand écart ». — La Presse. — (30 sept. 2003). — P. C-5

Delgado, Jérôme. — « Maîtres chez soi ». — La Presse. — (13 juill. 2003). — P. B-9

Delgado, Jérôme. — « Quartier Concordia ». — La Presse. — (13 juill. 2003). — P. B-9

Delgado, Jérôme. — « Inventaire de prix ». — La Presse. — (2 févr. 2003). — P. F-7

Lamarche, Bernard. — « Nicolas Baier remporte le 1 % de Concordia ». — Le Devoir. — (27 août 2003). — P. C-7

Lamarche, Bernard. — « Un monde en morceaux ». — Le Devoir. — (11 oct. 2003). — P. E-7

Lamarche, Bernard. — « Perte d'espace ». — Le Devoir. — (19 juill. 2003). — P. E-8

Lamarche, Bernard. — « Vivid city ». — Canadian Art. — Vol. 20, no. 4 (Winter 2003). — P. 64-69

Lehmann, Henry. — « Personal space ». — The Gazette. — (July 20, 2003). — P. B-8

Mavrikakis, Nicolas. — « Scènes de la vie quotidienne ». — Voir. — Vol. 17, n° 39 (2 oct. 2003). — P. 20

Mavrikakis, Nicolas. — « Espèces d'espace : disparition et invisibilité ». — Voir. — Vol. 17, n° 29 (24 juill. 2003). — P. 23

Milroy, Sarah. — « Quirky works and classic oldies ». — The Globe and Mail. — (Nov. 15, 2003). — P. R 20

Milroy, Sarah. — « Generation next ». — The Globe and Mail. — (May 10, 2003). — P. V-1

Shahrokni, Shirin. — « Photographie, poésie et folie ». — Le Délit français (Concordia). — (21 oct. 2003). — Aussi en ligne.

Watal, Divya. — « Baier brings brillance to the banal : Nicolas Baier's photographic productions capture the beauty in every day objects ». — The McGill Daily. — No. 23 (Nov. 24, 2003). — Aussi en ligne.

2002
« [Oli, Nicolas Baier] ». — L'Espace Vox. — N° 2 (mars 2002). — Texte en français et en anglais. — P. [6]

Lehmann, Henry. — « Pictures of life in the fast-forward lane : time and gizmo efficiency work together to grind us down ». — The Gazette. — (Jan. 12, 2002). — P. H-3

Loncol Daigneault, Caroline. — « Le réel perdu ou retrouvé : regard sur les œuvres de Nicolas Baier et de Karilee Fuglem ». — ETC Montréal. — N° 59 (sept./oct./nov. 2002). — P. 15-19

McAffee, Dionne. — « Nicolas Baier ». — Canadian Art. — Vol. 19, no. 1 (Spring 2002). — P. 100, 102

2001
« Photographer turns toasters and counters into sweeping architectural vistas ». — National Post. — (Nov. 3, 2001). — P. T-05

Bégin, Aline. — « Où convoitise et commerce se rencontrent ». — Le Droit. — (21 avril 2001). — P. A-46

Cantin, David. — « Arrêts sur le détail photographique ». — Le Devoir. — (8 sept. 2001). — P. D-9

Côté, Nathalie. — « Échange de couples ». — Voir. — (23 août 2001). — Aussi en ligne.

Crevier, Lyne. — « Twilight zone ». — Ici. — (14/21 juin 2001). — P. 31

Daigneault, Gilles. — « Huit notes brèves en marge de la 2e Biennale de Montréal ». — Espace. — N° 55 (printemps 2001). — P. 37-39

Dault, Gary Michael. — « A painter at play with new tools ». — The Globe and Mail. — (Oct. 27, 2001). — P. R-4

Deirdre, Hanna. — « Photo finish ». — Now [en ligne]. — (Nov. 11, 2001). — [Réf. du 30 déc. 2002]. — Accès : www.nowtoronto.com/issues/2001-1101/art _ reviews.html

Delgado, Jérôme. — « Nouveaux temps pour Vox ». — La Presse. — (15 déc. 2001). — P. D-16

Delgado, Jérôme. — « La réalité comme vous ne la voyez pas ». — La Presse. — (6 juin 2001). — P. C-6

DeVuono, Frances. — « Tout le temps Every time : la Biennale de Montréal 2000 ». — New Art Examiner. — Vol. 28, no. 7 (April 2001). — P. 22-25

Doyon, Jacques. — « Objects of desire, objects of transaction ». — MIX. — Vol. 27, no. 1 (Summer 2001). — P. 7, 13, 18

Goddard, Peter. — « Mondrian meets home hardware in images ». — The Toronto Star. — (Oct. 18, 2001). — P. K-9

Jordan, Betty Ann. — « Piecework ». — Toronto Life. — (Nov. 1st, 2001). — P. 56

Lamarche, Bernard. — « La photo, vite ». — Le Devoir. — (29 déc. 2001). — P. D-7

Lamarche, Bernard. — « Ère jurassique ». — Le Devoir. — (9 juin 2001). — P. C-9

Lamarche, Bernard. — « Nicolas Baier ». — Le Devoir. L'Agenda. — (9 juin 2001). — P. 4

Lehmann, Henry. — « Photos through lens of an uncandid camera ». — The Gazette. — (Oct. 20, 2001). — P. J-1, 6

Lehmann, Henry. — « Landscape artists explore a land of metaphor ». — The Gazette. — (Aug. 4, 2001). — P. I-4

Lehmann, Henry. — « Comtois left his mark : retrospective of artist's work at Concordia gallery ». — The Gazette. — (June 9, 2001). — P. J-2

Mavrikakis, Nicolas. — « Espace Vox : style international ». — Voir. — Vol. 15, n° 52 (27 déc. 2001). — P. 33

Mavrikakis, Nicolas. — « Arts visuels : top 5 ». — Voir. — Vol. 15, n° 51 (20 déc. 2001). — P. 18

Mavrikakis, Nicolas. — « Nicolas Baier : prendre l'air ». — Voir. — Vol. 15, n° 21 (24 mai 2001). — P. 52

Milroy, Sarah. — « Strokes of genius ». — The Globe and Mail. — (Dec. 27, 2001). — P. R-1, 4

Paré, André-Louis. — « L'artiste, son atelier et moi = The artist, the studio and me ». — Espace. — N° 57 (automne 2001). — Dossier : « L'atelier en question ». — P. 25-32

Quine, Dany. — « L'année photographique à Québec ». — Le Soleil. — (25 août 2001). — P. D-14

2000

Couëlle, Jennifer. — « Prix en arts visuels ». — La Presse. — (8 déc. 2000). — P. C-5

Gopnik, Blake. — « Time tripping in the art zone ». — The Globe and Mail. — (Oct. 10, 2000). — P. C-2

Hamel, Dominique. — « Chambre, 2000 ». — Le Devoir. — (23 déc. 2000). — P. C-6

Lamarche, Bernard. — « Double prix ». — Le Devoir. — (8 déc. 2000). — P. B-8

Lamarche, Bernard. — « Les deux visages de Janus ». — Le Devoir. — (7 oct. 2000). — P. D-11

Lehmann, Henry. — « A scene out of sorcerer's apprentice ». — The Gazette. — (Dec. 9, 2000). — P. I-6

Lehmann, Henry. — « Biennale II : it's timely [...] ». — The Gazette. — (Sept. 30, 2000). — P. J-6

Mavrikakis, Nicolas ; Boulanger, Luc. — « Ève Tremblay : la force de l'âge ». — Voir. — Vol. 14, n° 50 (14 déc. 2000). — P. 62

Mavrikakis, Nicolas. — « Marc Séguin : art de vivre ». — Voir. — Vol. 14, n° 46 (16 nov. 2000). — P. 69

Mavrikakis, Nicolas. — « La Biennale de Montréal : l'art du temps ». — Voir. — Vol. 14, n° 40 (5 oct. 2000). — P. 63

Paiement, Alain. — « Nicolas Baier ». — Parachute. — N° 98 (avril/mai/juin 2000). — P. 54-55

1999

« Liquidation Niko et Cie ». — MIX. — Vol. 25, no. 3 (Winter 1999/2000). — Sous : « Artist-run culture », p. 9-24. — P. 12

Lamarche, Bernard. — « Magasin général ». — Le Devoir. — (4 déc. 1999). — P. B-10

Lamarche, Bernard. — « Nicolas Baier ». — Le Devoir. L'Agenda. — (4 déc. 1999). — P. 5

Mavrikakis, Nicolas. — « Nicolas Baier : repartir à zéro ». — Voir. — Vol. 13, n° 48 (2 déc. 1999). — P. 96

Skidmore. — « Purge by proxy ». — Hour. — Vol. 7, no. 47 (Nov. 25, 1999). — P. 32

1998
Aquin, Stéphane. — « Les Bricolos : drôles de bricolos ». — Voir. — Vol. 12, n° 13 (2 avril 1998). — P. 50

Bérubé, Stéphanie. — « Un peu d'humour ne peut pas nuire à l'art ». — La Presse. — (11 avril 1998). — P. D-13

Couëlle, Jennifer. — « De fougue et de passion ». — CV photo. — N° 42 (printemps 1998). — P. 32-33

Couëlle, Jennifer. — « Sourires en stock ». — Elle Québec. — N° 105 (mai 1998). — P. 38

Lamarche, Bernard. — « Castors bricoleurs ». — Le Devoir. — (11 avril 1998). — P. D-8

Lamarche, Bernard. — « Points de vue : deux expositions de centres d'artistes ». — Le Devoir. — (7 févr. 1998). — P. D-7

Lamarche, Lise. — « Les frontières de nos rêves ne sont plus les mêmes : les 50 ans du Refus global ». — Le Devoir. — (9 mai 1998). — P. E-13

Mercier, Noémi. — « Castors bricoleurs ». — Montréal Campus. — (8 avril 1998). — P. 18

1997
Aquin, Stéphane. — « De fougue et de passion : de tout en abondance ». — Voir. — Vol. 11, n° 45 (6 nov. 1997). — P. 69

Lamarche, Bernard. — « Les temps sont chauds : une nouvelle génération d'artistes produit des œuvres sans y accoler un discours d'avant-garde ». — Le Devoir. — (25 oct. 1997). — P. D-9

1994
« Exposición colectiva de siete artistas de Montreal ». — El Informador (Guadalajara). — (23 jun. 1994).

Blanca, Rosa Maria. — « Parcialmente humano ». — Siglo 21 (Quibdó). — (1 jul. 1994).

1993
Dumont, Jean. — « Dans le dédale des indices : trois artistes de la déconstruction remettent en question nos perceptions du réel ». — Le Devoir. — (3 févr. 1993). — P. B-9

Documents en ligne et enregistrements vidéo

2004
Baier, Nicolas. — N. Baier, 2004 [Réf. du 10 janv. 2005]. — Site Web de l'artiste. — Accès : www.nicolasbaier.com

2002
Nicolas Baier [enregistrement vidéo] : the absolute eye. — Montréal : BlueSponge, 2002. — 5 min 28 s — En ligne, ZeD, CBC television, accès : www.zed.cbc.ca/go.ZeD?CONTENT_ID=5192&page=content

2001
Collins, Curtis Joseph. — Nicolas Baier : a woodworker's art. — Canadian Photo-Based Art. Gallery TPW Digital Archive, 2001 [Réf. du 1er févr. 2005]. — Accès : http:// archive. photobasedart.ca/index.php?c=essay&h=archive&id=58

1997
De fougue et de passion [enregistrement vidéo] : vingt-deux artistes : vingt-deux défis. — Réalisation de Chantal Charbonneau — Montréal : Musée d'art contemporain de Montréal, Groupe de recherche en arts médiatiques, 1997. — 1 vidéocassette, 2[illegible] min

L'astérisque (*) signale qu'une publication a été produite dans le cadre de l'événement.

La biobibliographie de Nicolas Baier est également disponible sur le site Web de la Médiathèque du Musée d'art contemporain de Montréal (www.media.macm.org)

Liste des œuvres

Liquidation Niko (Établi) 1999 (p. 37)
Tirage numérique sur papier photographique
244 x 244 cm
Édition de 3
Collection du Musée des beaux-arts de Montréal, Montréal
Collection particulière

05/06/07 2000 (p. 38)
Tirage numérique sur papier photographique
244 x 244 cm
Édition de 3
Collection particulière

28/29/30 2000 (p. 40)
Tirage numérique sur papier photographique
40 x 40 cm
Édition de 10

Charte 2000 (p. 44)
Tirage numérique sur papier photographique
244 x 244 cm
Édition de 3
Collection Prêt d'œuvres d'art du Musée national des beaux-arts du Québec, Québec

Mardi 2000 (p. 41)
Tirage numérique sur papier photographique
40 x 40 cm
Édition de 10
Collections particulières

Morte 2000 (p. 48)
Tirage numérique sur papier photographique
92 cm x 92 cm
Édition de 5
Collections particulières

Septembre 2000 (p. 42)
Tirage numérique sur papier photographique
40 x 40 cm
Édition de 10
Collections particulières

Chinois 2001 (p. 55)
Tirage numérique sur papier photographique
24 X 40 cm
Édition de 3
Collections particulières

Chrysanthème 2001 (p. 51)
Tirage numérique sur papier photographique
122 X 122 cm
Édition de 5
Collection Prêt d'œuvres d'art du Musée national des beaux-arts du Québec, Québec
Collections particulières

Diaphane 2001 (p. 50)
Tirage numérique sur papier photographique
122 X 122 cm
Édition de 3
Collection particulière

Fleurs de rideaux 2001 (p. 59)
Tirage numérique sur papier photographique
92 X 92 cm
Édition de 5

Grille-pain 2001 (p. 58)
Tirage numérique sur papier photographique monté sur acier galvanisé
92 cm x 92 cm
Édition de 5
Collections particulières

Lévitation 2001 (p. 61)
Tirage numérique sur papier photographique
244 cm x 305 cm
Édition de 3
Collection du Musée national des beaux-arts du Québec, Québec

Noir/Nuit 2001 (p. 67)
Tirage numérique sur papier photographique
244 X 244 cm
Édition de 3
Collection du Musée des beaux-arts de Montréal, Montréal

Nourriture/Vaisselle 2001 (p. 60)
Tirage numérique sur papier photographique
244 cm x 244 cm
Édition de 3
Collection du Musée d'art contemporain de Montréal, Montréal
Collection particulière

Ocre 2001 (p. 57)
Tirage numérique sur papier photographique
183 cm X 183 cm
Édition de 3
Collection Galerie René Blouin, Montréal

Oli 2001 (p. 56)
Tirage numérique sur papier photographique
244 X 152 cm
Édition de 3
Collection particulière

Souffleur 2001 (p. 46)
Tirage numérique sur papier photographique
122 x 162 cm
Édition de 3

Capillaires 2002 (p. 54)
Tirage numérique sur papier photographique
183 x 183 cm
Édition de 3
Collection Giverny Capital, Montréal
Collection particulière

Cinémascope 2002 (couverture)
Tirage numérique sur papier photographique
244 X 487 cm
Édition de 2
Collection du Musée des beaux-arts du Canada, Ottawa

Comptoir 2002 (p. 43)
Tirage numérique sur papier photographique
91 X 91 cm
Édition de 3

Labo 2002 (p. 64)
Tirage numérique sur papier photographique
244 X 244 cm
Édition de 3
Collection du Musée des beaux-arts de l'Ontario, Toronto

Petits riens 2002 (p. 52)
Tirage numérique sur papier photographique
396 X 396 cm
Édition de 2
Collection du Musée d'art contemporain de Montréal, Montréal

Planète 2002 (p. 79)
Tirage numérique sur papier photographique
350 cm de diamètre
Édition de 2
Collection du Musée des beaux-arts de Montréal, Montréal

Absinthe 2003 (p. 69)
Tirage numérique sur papier photographique
122 X 183 cm
Édition de 3

Frise 2003 (p. 47)
Tirage numérique sur papier photographique
305 X 376 cm
Tirage unique

Garage 2003 (p. 62)
Tirage numérique sur papier photographique
244 X 244 cm
Édition de 3

Janvier 2003 (p. 66)
Tirage numérique sur papier photographique
(monté sur plexiglas)
122 X 201 cm
Édition de 3
Collections particulières

Squames 2003 (p. 63)
Tirage numérique sur papier photographique
183 X 183 cm
Édition de 3

Stèle 2003 (p. 49)
Tirage numérique sur papier photographique
305 X 152 cm
Édition de 3

Sujet bas 2003 (p. 87)
Tirage numérique sur papier photographique
92 x 118 cm
Édition de 3

Toutes les tonnes de mon cœur 2003 (p. 39)
Tirage numérique sur papier photographique
244 x 244 cm
Édition de 3
Collections particulières

Un après-midi sur De Gaspé 2004 (p. 72)
Tirage numérique sur papier photographique
81 X 122 cm
Édition de 10
Collections particulières

Berce 2004 (p. 86)
Tirage numérique sur papier photographique
183 X 183 cm
Édition de 3
Collection particulière

Chiboukis 2004 (p. 81)
Tirage numérique sur papier photographique
122 X 122 cm
Édition de 3
Collection particulière

Le Canada est dans le marécage d'un terrain de golf à Laval 2004 (p. 76)
Tirage numérique sur papier photographique
91 X 122 cm
Édition de 3
Collections particulières

Le Canada est peinturé dans le coin d'un vieux pénitencier à Laval 2004 (p. 77)
Tirage numérique sur papier photographique
91 X 122 cm
Édition de 3
Collection particulière

Monolithe 2004 (p. 88)
Tirage numérique sur papier photographique
183 X 295 cm
Édition de 2

Mordoré 2004 (p. 65)
Tirage numérique sur papier photographique
81 X 122 cm
Édition de 3
Collection particulière

Atelier 2005 (p. 75)
Tirage numérique sur papier photographique
180 X 228 cm
Édition de 3
Collection particulière

Chasse/Chasseur/Chassé 2005 (p. 84)
Tirage numérique sur papier photographique
91 X 122 cm
Édition de 3

Cité 2005 (p. 82)
Tirage numérique sur papier photographique
217 X 305 cm
Édition de 2

Comme un caillou dans un creux 2005 (p. 45)
Tirage numérique sur papier photographique
65 X 87 cm
Édition de 3

Étoile 2005 (p. 70)
Tirage numérique sur papier photographique
183 X 183 cm
Édition de 3

Harpie 2005 (p. 68)
Tirage numérique sur papier photographique
122 X 159 cm
Édition de 3

Miroir 2005 (p. 74)
Tirage numérique sur papier photographique
71 X 88 cm
Édition de 3

Perspectives/Retour 2005 (p. 85)
Tirage numérique sur papier photographique
122 X 155 cm
Édition de 3

Tablettes à maladies 2005 (p. 71)
Tirage numérique sur papier photographique
122 X 160 cm
Édition de 3

Vases communicants 2005 (p. 73)
Tirage numérique sur papier photographique
87 X 122 cm
Édition de 3
Collection particulière

Voûte 2005 (p. 80)
Tirage numérique sur papier photographique
183 X 183 cm
Édition de 3
Collection particulière

L'ARTISTE SOUHAITE REMERCIER :

Alfredo Abeijon, Stéphane Aquin, Georges Aubin, Georges Baier, Olivier Baier, Stéphanie Béliveau, Frédérik A. Belzile, David Blatherwick, René Blouin, Claude Bouchard, Marie-Claude Bouthillier, Bruno Braën & Hans-Frederick Brown (Cabinet Braun Braën), Marie Brault et Ward Sellers (Osler), Isabelle Brunet, Raymond Cantin, Fred Caplette, Stéphane Carreau, Nicolas Chouinard, Curtis Collins, Gordon Courtenay, Marie-Michèle Cron, Jean-Guy Cyr (Chez Jack's), Jacques Doyon, Patrick Duguay (Points d'impression numérique), Clarence Epstein, Lucie Fortin, Pierre Fournier, Sylvie Fraser, Peggy Gale, Emmanuel Galland, Emeren Garcia, Louise Gauvreau, Yan Giguère, Gilles Godmer, Claude Gosselin, Chantal Grande, Jean-François Gros d'Aillon, Gary Hall, Christina Horeau, Marie-Josée Jean, Marie-Josée Lafortune, Lise Lamarche, Pierre Lamarche, Samuel Lambert, Philippe Landry, François Le Blanc, Richard Lemieux, Jean-Marc Lesage, Réal Lussier, Jacques Marchand, Nicolas Mavrikakis, Lynn Marsh, Hubert Marsolais et Claude Pelletier (Club Chasse et Pêche), Michel Martin, Marc Mayer, Dionne McAffee, Luce Meunier, Anne-Marie Ninacs, Pierre-François Ouellette, Alain Paiement, Guy Pellerin, Jacinthe Pilote (Elastik), Pierre Pilotte, Ben Portis, Laurent Roberge, Daniel Roy, Kitty Scott, Michel Séguin (Laminatek), Michel St-Martin, Cristina Toma, Élène Tremblay ainsi qu'Art Mûr, Association des galeries d'art contemporain, Atelier d'estampe Sagamie, Conseil des Arts du Canada, Conseil des arts et des lettres du Québec, Galerie Clark, Service développement culturel de la Ville de Montréal.